芳草街街道志

LOCAL RECORDS OF FANGCAOJIE

成都高新技术产业开发区芳草街街道志编纂委员会　编

方志出版社
Publishing House of Local Records

图书在版编目（CIP）数据

芳草街街道志 / 成都高新技术产业开发区芳草街街道志编纂委员会编. -- 北京 : 方志出版社, 2024. 11.
ISBN 978-7-5144-6360-6

Ⅰ. K927.15

中国国家版本馆 CIP 数据核字第 2024S3X934 号

责任编辑：高孟君
责任校对：张玉霞
责任印制：梅中英
出 版 者：方志出版社
地　　址：北京市朝阳区潘家园东里 9 号（国家方志馆 4 层）
邮　　编：100021
网　　址：http://www.zgfzcb.cn
发　　行：方志出版社图书营销中心（010-67110500）
印　　刷：四川科德彩色数码科技有限公司
开　　本：787 毫米×1092 毫米　1/16
印　　张：15
字　　数：254 千字
版　　次：2024 年 11 月第 1 版
印　　次：2024 年 11 月第 1 次印刷
定　　价：69.00 元

“成都名镇名村志丛书”序

“月是故乡明，人是家乡亲。”乡愁是中国文化永恒的主题，是维系中华民族的情感纽带。乡镇和村落，是乡愁记忆的承载地，是家国情怀的安放处。

习近平总书记在2013年召开的中央城镇化工作会议上指出，城镇建设要“让居民望得见山、看得见水、记得住乡愁”，要求在城镇化进程中要留住“乡愁”。党的十九大作出乡村振兴的战略部署，文化振兴是乡村振兴的重要内容。习近平总书记强调：“乡村振兴，既要塑形，也要铸魂。”2022年，中共中央办公厅、国务院办公厅印发《“十四五”文化发展规划》，将修编村史、村志作为促进乡村文化振兴的重要举措。2023年12月，中共成都市委十四届四次全体会议审议通过《中共成都市委关于加快推进超大城市城乡融合高质量发展的决定》，明确支持开展名镇名村志编纂。

成都是古蜀文明的发祥地，历史悠久，文化厚重，素有“天府之国”的美誉。千百年来，成都人民在这片富饶美丽的土地上辛勤耕耘，砥砺奋进，创新创造，形成了数量众多、特色鲜明的名镇名村，现有历史文化名镇名村40个、历史文化街区14处、传统村落71处。这些名镇名村承载着厚重的历史记忆，彰显着浓郁的地域文化。

成都是“方志初祖”《华阳国志》作者常璩的故乡，自古就有编史修志的文化传统。地方志是中华优秀传统文化的重要组成部分，全面系统记述区域自然、政治、经济、文化和社会的历史与现状，具有“存史、资政、育人”的重要功能。名镇名村志是一种新型志书，既遵循传统志书的基本规律，又突出镇村（街道、社区）人无我有、人有我精的“名”和“特”。

“修史立典，存史启智，以文化人，这是中华民族延续几千年的一个传统。”我们组织编纂成都名镇名村志丛书，旨在通过全方位记录成都名镇名村发展历程，深入挖掘名镇名村历史文化内涵，服务乡村精神文明建设，厚植爱国爱乡的乡土情怀，为成都乡村文化振兴和世界文化名城建设提供历史智慧，做出方志贡献。

是为序。

成都市地方志编纂委员会办公室党组书记、主任　马海军

《芳草街街道志》序

街道，是城市发展的脉络，承载着岁月的记忆，见证着时代的变迁。创造性开展《芳草街街道志》编写工作，既有对这片土地过往的深情回溯，也有对未来发展的殷切展望。芳草街街道在改革开放的时代背景下建立，经历了日新月异的现代化发展和城镇化变迁，拥有美丽的生活环境、众多的名人足迹、浓厚的艺术氛围、新颖的街区改造，代表着成都市特色街道的发展历程，也是成都高新区发展的缩影。

从昔日的大片农田到如今的繁华景象，芳草街街道经历了一系列变革与发展。《芳草街街道志》以图文并茂的方式记录每一件重要历史事件，系统全面、鲜活生动地呈现街道的变迁与发展，总结成功经验，反思不足之处，为未来发展提供借鉴与启示，助力地方经济和文化实现可持续的繁荣。

志书不是历史资料的简单堆砌，而是这片土地上人们生活的真实写照，是岁月沉淀的珍贵结晶，也是凝聚共识的纽带。通过共同回顾街道的历史，居民们能够增强对这片土地的认同感和归属感，形成共建美好公园城市的强大合力。同时，《芳草街街道志》向外界展示出独特的街道景观、丰富的艺术文化和勤劳智慧的人民形象，能够吸引更多的关注与资源，为招商引资、旅游开发等创造有利条件，有力推动地方高质量发展。

《芳草街街道志》作为街道的首部志书，为大家开启了一扇了解芳草街街道的视觉之窗，让大家看到了街道在发展道路上的探索与坚持。以志为鉴，继往开来。期望读者能对此部志书予以关注，让更多人认识芳草、了解芳草、熟悉芳草！由于资料和时间有限，此部志书难免存在遗漏、失误之处，诚盼读者提出宝贵的建议或意见。同时，衷心感谢所有关心、支持以及参与志书编纂工作的领导和同志们。

成都高新技术产业开发区芳草街街道党工委书记　伍文涛

2024年11月

成都名镇名村志丛书编纂委员会

主　任　马海军

副主任　王　欣　王志强

委　员　黄小华　杨蕊羽　唐远波　万良华

成都高新技术产业开发区芳草街街道志编纂委员会

主　任　伍文涛

副主任　黄婷燕　邓昌军　周沁园　朱　姝　刘登攀

　　　　刘勇浩　蒋　锐

编　委　邓换生　郑　宇　王日红　周　勇　唐　甜

　　　　曾昭肄　岳　志　江　凌　冷　静　黄代华

　　　　叶拯楠　朱　丽　胡　涛　张　雪　何岸华

　　　　屠俊鑫　何　昉　徐　超　李双庆　杨亚斌

　　　　张晓静　黄于久　汪　强　薛　强　夏　磊

　　　　赵建清

《芳草街街道志》编辑部成员

主　编　伍文涛

副主编　王日红

编　辑　唐　甜　杨　敏　白　靖　李　琳　曹　彬

　　　　杨丽坤　鲁　勇　殷　顺　张诗玥　贾　芳

凡 例

一、《芳草街街道志》以马克思列宁主义、毛泽东思想、邓小平理论、“三个代表”重要思想、科学发展观、习近平新时代中国特色社会主义思想为指导，坚持辩证唯物主义和历史唯物主义的立场、观点和方法，存真求实，全面、客观、系统记述芳草街街道发展变化进程和改革开放成果，传承和抢救乡土历史文化，激发爱国爱乡情怀，为传承巴蜀文明，发展天府文化，探索新型城镇化建设，服务乡村振兴战略和成都建设世界文化名城提供历史智慧和现实借鉴。

二、本志记述上限追溯至事物发端，下限至2023年12月31日，个别重大事项延至搁笔。记述内容详今明古，重点反映时代特色和地方特色，体现街道的“名”与“特”。

三、本志记述地域范围以芳草街街道行政辖区为主。为体现芳草街街道在更大区域内的意义，适当从更开阔的区域视野记述相关内容。

四、本志体例采用条目体，设类目、分目、条目三个层次，部分内容设子条目。横排门类，纵述史实。所设类目除必设内容外，个别事项根据街道实际情况适当作升格或降格处理。

五、本志综合运用述、记、志、传、图、表、录等体裁，以志体为主。体裁运用适当创新，篇目设置不求面面俱到。

六、本志行文除引用文字和附录文献资料外，使用规范的现代汉语体。记述内容力求朴实、严谨、简洁、流畅。

七、本志人物部类遵循“生不立传”原则。“名人履痕”记载已故人物，且只选录对本街道发展有重大影响和贡献的人物，不面面俱到。“人物名录”收录抗战老兵。

八、本志中随文配图，图下设文字说明，图片未注明提供者的均为芳草街街道办事处提供。表格统一编排序号。

九、本志各项数据一般采用政府统计部门数据。统计部门未提供的，选用主管部门正式提供的数据。

十、数字用法、标点符号分别采用国家标准《出版物上数字用法》（GB/T 15835—2011）、《标点符号用法》（GB/T 15834—2011），计量单位采用国家技术监督局 1993 年 12 月发布的《量和单位》系列国家标准。原则上使用法定计量单位，历史上使用的计量单位，如斗、石、里、尺、磅、华氏度等，在引文时可照录。“亩”“公斤”“公里”等仍按社会习惯沿用旧制，不作换算。个别古代计量单位加注说明。

十一、本志中中华民国成立前的纪年，使用朝代年号纪年，括注公元年份；中华民国成立后的纪年，均使用公元纪年。志中所称“解放前（后）”，以成都解放日为界；“中华人民共和国成立前（后）”，以中华人民共和国成立日 1949 年 10 月 1 日为界；“改革开放前（后）”，以 1978 年 12 月中共十一届三中全会召开为界；文中凡未注明世纪的年代，均指 20 世纪。

十二、本志使用的机构名称，一般以通行的规范简称为准。多次出现的机构名称，除必须用全称外，一般使用简称。如“成都高新技术产业开发区”简称为“高新区”或“成都高新区”；“成都高新技术产业开发区管理委员会”简称为“成都高新区管委会”。

十三、本志记事概以第三人称记述。人名直书其姓名，必要时冠以职务或职称。地名以现行标准地名为准，如使用历史地名，首次出现时括注现行地名。各个历史时期的党派、机构、职务等，均以当时的名称为准。对称谓过长而又频繁使用的名称，首次用全称并括注简称，之后用简称。

芳草街街道在成都市的位置图

比例尺　1：1 100 000

芳草街街道示意图

北
一环路南三段
永丰路
玉林北路
沙子堰
玉林南路
蓓蕾
创业路
紫荆
紫竹
新光路
神仙树
紫瑞大道
紫薇
成昆铁路联络线
火车南站西路
盛泰
益州大道北段
三环路四段

20 世纪 60 年代，成都电缆厂俯瞰图　　袁顺柱提供

20 世纪 90 年代，成都一环路南三段附近航拍图，由东北往西南方向拍摄。图中右上方为芳草街街道辖区　　图片来源：成都市住房和城乡建设信息档案中心

1986 年的电缆厂站台，现址为芳草街街道综合文化活动中心　　袁顺柱提供

芳草街街道综合文化活动中心（2018 年 4 月）　　袁顺柱提供

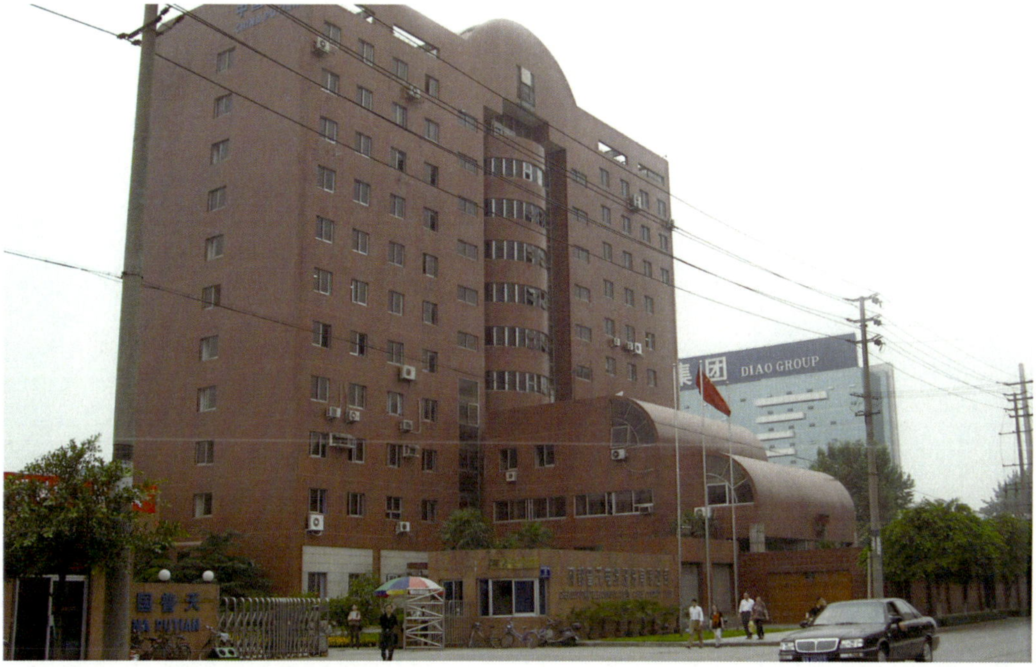

1998 年，成都电缆厂神仙树旧址　　袁顺柱提供

神仙树大院（2023 年 12 月）　　鲁勇摄

神仙树公园鸟瞰图（2017 年 8 月）

神仙树高架桥（2017 年 4 月）

基本街情

芳草街街道地处成都市主城区西南部，交通便利，气候宜人，芳草如茵。20世纪90年代以前，辖区多为农田、荒地，人口极少。随着城市化建设的发展，街道经济快速腾飞，人口逐年增多，教育、医疗、卫生条件随之改善，社区活动逐渐增多，居民生活变得丰富多彩。

区位交通

地理位置

芳草街街道地处成都市区南部、高新区东北面，地理坐标介于北纬 30°36′ ~ 30°37′，东经 104°01′ ~ 104°02′。东邻玉林街道，南邻石羊街道，西接肖家河街道和石羊街道，北接玉林街道。

芳草街街道办事处位于神仙树西路 4 号，距成都高新区管委会驻地约 3 公里，距成都市中心天府广场约 5 公里。

公交干线

芳草街街道临近成都火车南站，成都主干道一环路、二环路、三环路从辖区穿过；公共交通便利，有地铁 7 号线、5 号线、8 号线经过，1006 路环线、114 路、12 路、211 路、96 路等多条公共汽车线路经过辖区，有公交站点 80 个。

对外交通

芳草街街道办事处距成都火车南站直线距离约 2.7 公里，骑行约 25 分钟，地铁车程 25 分钟；距成都火车东站直线距离约 10 公里，骑行约 1 小时，地铁车程 40 分钟；距成都双流国际机场直线距离约 12 公里，骑行约 1 小时 20 分钟，地铁车程 48 分钟；距成都天府国际机场直线距离约 60 公里，地铁车程 1 小时 30 分钟。

建置区划

街名由来

芳草街街道原地处成都西城区南郊，为种植梅花、兰草的花圃。1992年开始城市化建设后，辖区内仍保留较多苗圃、花圃，遂取芳草成茵之意，名“芳草街街道”。各社区、道路、街巷大多以花卉或与植物相关的词汇命名，如蓓蕾、芳华、芳沁、紫荆、紫竹、紫丁、紫薇，等等。

建置沿革

先秦时期，芳草街街道地区属古蜀国管辖。秦朝时期，属蜀郡管辖。三国时期，属汉益州蜀郡成都县。唐朝时期，属益州华阳县。宋、元、明、清时期，属成都府华阳县。民国时期，芳草街街道地区以神仙树（寿仙场）一带为主要生活区域，其余地区多为农田、荒地。1940年，神仙树地区属永丰乡管辖。1958年，属永丰人民公社管辖。1960年7月，随永丰人民公社一同划归金牛区。

20世纪80年代的成都永丰乡人民政府大院

20 世纪 80 年代，原玉林片区（部分区域现属芳草街街道）属跳伞塔街道办事处管辖。1990 年 9 月，芳草街街道地区、玉林片区划归新成立的武侯区。1991 年，神仙树片区及元通村、南郊村划至高新区。

1995 年 12 月，芳草街街道办事处正式成立，属成都市武侯区下辖街道。1996 年 6 月，划归高新区管辖。

辖区变迁

1995 年 12 月，芳草街街道辖区由武侯区部分街道和桂溪乡、石羊场乡部分村组组合而成，东起玉林北路、玉林南路，西至高新大道，北起一环路，南至二环路。辖区范围包括祥和巷社区、芳草正街社区、新能巷社区、沙子堰社区、彩虹街社区、蓓蕾街社区以及桂溪乡的玉林村三、四、十组，核桃村一组，南郊村八、九组等部分地域，辖区面积 1.2 平方公里。

1996 年 6 月，芳草街街道辖区西边调整至衣冠庙立交桥永丰路，面积增至 1.8 平方公里。1997 年 9 月，成都市人民政府同意调整芳草街街道范围，将东起新光路，西至高新大道，北起二环路，南至 132 厂铁路专线及该线以东机场路范围内石羊场乡元通村、南郊村、新光村已统征的部分土地调整到芳草街街道。调整后，辖区东起玉林北路、玉林南路、新光路，西至高新大道，北起一环路，南至 132 厂铁路专线及该线以东机场路，面积 3.5 平方公里。

2002 年 7 月，芳草街街道办事处撤销祥和巷社区、芳草正街社区、沙子堰社区、彩虹街社区及桂溪乡部分村组，成立新能巷、蓓蕾街、芳华街、元通、紫荆北路、紫竹北街、桐梓林 7 个社区，相应建立居民委员会并界定各社区区划。调整后，辖区总面积增至 3.86 平方公里。

2006 年 9 月，桐梓林社区更名为紫薇社区。2010 年，从元通社区划出东起神仙树南路、南至紫瑞大道、西邻创业路、北至紫荆西路区域，成立神仙树社区。2016 年，成立盛泰社区筹备组。2018 年 6 月，新能巷社区更名为新能社区，蓓蕾街社区更名为蓓蕾社区，芳华街社区更名为芳华社区，紫荆北路社区更名为紫荆社区，紫竹北街社区更名为紫竹社区。

2019年，成都市人民政府批复同意原石羊街道府城社区南三环路四段中心线以北共 1.37 平方公里的区域划归芳草街街道管辖，盛泰社区正式成立。2020 年，调整社区布局，撤销元通社区和芳华社区，原管辖地区划入蓓蕾、紫荆、神仙树社区；新能社区更名为沙子堰社区。2023 年，芳草街街道辖区面积 5.23 平方公里，北起一环路南三段，南至三环路南四段，东起玉林北路、玉林南路、新光路、火车南站西路、益州大道北段，西至永丰路、创业路、紫瑞大道、成昆铁路联络线、火车南站西路、景明路。下辖沙子堰、蓓蕾、紫荆、紫竹、紫薇、神仙树、盛泰 7 个社区，有主要道路 73 条，最长的中环路紫瑞大道长 1690 米，最短的玉虹巷长 84 米。

表 1　2023 年芳草街街道主要道路街巷一览表

名称	起止点	长度（米）	得名及其含义
白玉巷	玉林西路—彩虹街	100	白玉，洁白无瑕，晶莹剔透，寓意此巷虽然小，但整洁卫生，环境美丽，犹如白玉一般。2001 年命名
白云街	蓝天路—火烧堰巷	367	因境内驻有航空事业单位，故名
白云巷	玉林西路—彩虹街	102	由白云街派生
蓓蕾街	白云街—玉林中路	224	辖区原是永丰乡元通村农田，多以花草、植物命名，因有蓓蕾社区，故名
蓓蕾东巷	蓝天路—蓓蕾街	195	由蓓蕾街派生
蓓蕾西巷	蓝天路—蓓蕾街	206	
蓓蕾中巷	蓝天路—蓓蕾街	112	
	蓓蕾街—火烧堰巷	94	
彩虹街	蓝草路—蓝天路	429	辖区原是永丰乡元通村农田，20 世纪 90 年代新建街道。因辖区多有航空部门的宿舍，故名
成汉北路	广和二街—南三环路四段	717	公元 304 年李雄称王时国号是“成”，公元 338 年，李寿杀李期自立为帝，将国号改为“汉”，史书连称为“成汉”。由成汉派生，按方位命名
城通路	下穿隧道—南三环路四段	802	寓指交通便利，四通八达，故名
创瑞街	紫瑞北街—创业路	388	创瑞含吉祥之意，因坐落于西北方创业路及东南方紫瑞北街两条主干道之间，故名
创业路	永丰立交桥、二环路南三段、南四段交会处—南至南三段路五段	1480	由武侯区民政局地名办取“创造新事业、新业绩”之意命名
二环路南三段	玉林南路、新光路交会口—永丰路、创业路交会口连二环路南四段	1213	由二环路主地名，根据方位和序数命名。指位于成都市二环路南侧序列号为三的一条道路，建成于 1993 年

续表 1

名称	起止点	长度（米）	得名及其含义
芳草街	二环内南三段—玉林西路路口	695	辖区原为种植梅花、兰草的花圃，1992 年，故名
	玉林西路路口——一环路	431	
芳草东街	芳草街—倪家桥路	619	由芳草街派生，按方位命名
芳草西二街	永丰路—芳草街	344	
芳草西一街	永丰路—芳草街	344	
芳草巷	芳草西一街—芳草西二街	118	
芳华街	芳草东街—二环内南三段	762	辖区原是永丰乡元通村农田，四周为种植梅花、兰花的花圃，“华”同“花”，建成街道后，故名
芳华横街	芳华街—玉林南路	316	由芳华街派生
芳华街 23 号通道	芳华街—二环内南三段	178	
芳沁街	芳草西二街—芳草街	555	“芳沁”乃芬芳沁人心脾之意，寓意小区如花园，有美丽的生活和居住环境。2001 年命名
广和二街	成汉北路—都会路口	517	广和含和平之意，由武侯区民政部地名办命名
华姿路	蓝天路—芳草东街	214	含道路繁华意，故名
火烧堰巷	华姿街—玉林中路	293	因羊叉河筑堰石头呈暗红色，似火烧过，故名
景明路	成都机场高速与火车南站西路辅路交会处—南三环路四段	767	寓意前景光明，由武侯区民政部地名办命名
蓝草路	芳草街—蓝天路与华姿路口	200	因蓝天路连接芳草街的道路，故名
蓝天路	华姿路—玉林中路	356	因街道境内有航空服务单位，故名
瑞茗街	芳草西二街—牡丹御苑（芳沁街）	—	寓指“吉利祥瑞”，修建于 2001 年，由武侯区民政局地名办命名
瑞升北街	瑞茗街步行街—芳草街	104	因与瑞茗街相接，使用“瑞”字作头，“升”寓指小区群众生活蒸蒸日上，越过越好。2001 年命名
瑞升南街	瑞茗街步行街—芳草街	103	
沙子堰东巷	清风苑—玉林西路	274	因羊叉河由北向南，自衣冠庙流经芳草街街道地区，河水清澈见底，河床铺满细沙，故名沙子堰，1987 年，根据方位分别命名
沙子堰西巷	沙子堰中巷—玉林西路	153	
沙子堰中巷	芳草街—玉林西路	257	

续表 1

名称	起止点	长度（米）	得名及其含义
神仙树北路	神仙树西路—二环路	477	原名寿仙场。后因当地传说，清朝光绪年间，辖区有一枯树桩成仙显灵，饮用木桩中的清水可医治百病，四方善男信女为枯树披上红衣，求神祈福祛病，香火鼎盛，故名“神仙树”。1996 年，根据方位，故名
	紫荆西路—神仙树西路	237	
神仙树南路	神仙树北路—景明路	1238	
神仙树西路	创业路口—神仙树南路口	433	
盛和二路	盛和三路—益州大道北段	473	由盛和派生按序数排列。由武侯区民政部地名办命名
盛和三路	景明路—盛和二路	500	
泰和二街	盛和三路—益州大道北段	1231	含国泰民安、祥和、和睦之意，由泰和派生，按方位命名
祥和巷	一环路南三段—王府花园北门	119	1993 年，沿用原地名，取吉祥和美之意而命名
新光路	紫荆东路—中环路火车南站西端	309	原系永丰乡新光村辖区，1996 年命名
	二环路—紫荆东路	890	
新光路下穿隧道	—	518	
新能巷	芳草街—新源巷	160	“新能”含有才华、有能力之意。1987 年，由武侯区民政局地名办命名
	芳草街—新能巷	151	
新源巷	一环路南三段—新能巷交汇处	160	修建于 1990 年，由武侯区民政局地名办命名
一环路南三段	玉林北路、一环路交会口—永丰路、浆洗街交会口连一环路南四段	1400	由一环路按方位序数命名，指一环路朝南方向的第三条道路。1981 年地名普查时定位三段，原路系沥青路面，20 世纪 80 年代后扩建形成今貌
永丰路	衣冠店立交桥、一环路南三段、南四段交会处—永丰立交桥、二环路南三段、南四段交会处	1200	永丰寓指丰收之意。修建于 1996 年，由武侯区民政局地名办命名
玉虹巷	玉林西路—彩虹巷	84	白玉彩虹，含高贵喜庆之意。2001 年命名
玉林北路	玉林西路口—一环路南三段	418	1949 年前此地名玉林坝（据传三国时为诸葛亮屯集御林军的军营所在地，后由“御林”讹传为“玉林”）。20 世纪 80 年代末，新建街道。1988 年 7 月，按玉林街方位命名
玉林南路	芳草东街路口—二环路口	464	
玉林西路	芳草街—玉林北路	468	
	芳草街—玉永丰路段	347	
玉林中路	玉林西路口—芳草东街路口	524	
元华二巷	紫荆西路口—紫荆北路口	329	辖区原为元通村至华阳镇公路支线，1996 年命名
元华一巷	神仙树北路口—元华二巷口	206	

续表 1

名称	起止点	长度（米）	得名及其含义
元通二巷	神仙树北路口—元通一巷口	246	辖区原为元通桥旧地。1996 年，按序数命名
元通一巷	创业路—神仙树北路口	555	
中环路紫瑞大道	神仙树南路—中环路科园大道	1690	成都市民俗称的“2.5 环”被整体冠名为“中环路”，由武侯区民政局地名办命名
紫丁巷	神仙树西路口—紫荆西路两路口	470	1996 年，取紫丁香之意，故名
紫荆北路	二环路口—紫荆西路口	938	原属永丰乡元通村地域，多种植以“紫”字冠名的花木，如紫竹、紫荆、紫丁香、紫薇等，故以花卉植物命名，1996 年按方位命名
紫荆东路	紫荆北路口—新光路口	782	
紫荆南路	紫荆西路口—紫荆东路口	500	
紫荆西路	紫荆北路口—神仙树北路口	302	
	神仙树北路—创业路	549	
紫荆巷	紫荆北路口—56 号大院门口	108	1996 年，因临近紫荆北路，故名
紫瑞北街	紫荆西路口—紫瑞大道口	770	地处神仙树板块，在紫荆西路与紫瑞大道之间，与创瑞街相交，各取其三路名称中一字，由武侯区民政局地名办命名
紫杉路	神仙树南路—紫荆南路	230	与紫荆同为植物，1996 年，故名
紫薇西路	保税加工区—紫薇东路与神仙树南路交汇处	580	与紫荆同为植物，1996 年，故名
紫薇东路	西起紫薇西路，东止紫竹南二街	620	
紫竹北街	紫荆北路—新光路	525	与紫荆同为植物，1996 年，故名
紫竹中街	紫竹北街—紫荆东路	411	
紫竹南一街	紫竹中街—紫薇东路	340	与紫荆同为植物，1998 年，故名
紫竹南二街	紫荆东路—紫薇东路	230	与紫荆同为植物，1999 年，故名
紫竹西街	紫荆北路—紫竹中街	266	与紫荆同为植物，2000 年，故名
紫竹东街	紫竹中—新光路	280	与紫荆同为植物，2001 年，故名

社区述略

沙子堰社区　位于芳草街街道北部。1995 年 12 月成立，原名新能巷社区。2002 年，社区范围东起玉林北路，南至玉林西路，西邻永丰路，北接一环路南三段。2018 年 6 月，更名新能社区。2020 年 6 月，更名沙子堰社区，蓓蕾社区原玉林西路以南、芳草街以西、芳草西二街以北至永丰路以东区域划归沙子堰社区。调整后，沙子堰辖区东起玉林北路，南至玉林西路，经芳草街到芳草西二街，西接永丰路，北连一环路南三段，总面积 0.5 平方公里。社区居民委员会位于沙子堰东巷 2 号。2023 年，有居民 7774 户，主要街巷 14 条，小学 1 所（成都高新区芳草小学北区），幼儿园 1 所，老年日间照料站 1 所，机关单位 3 个，大型企业 21 家，居民院落 55 个，楼房 150 栋。

沙子堰社区党群服务中心（2024 年 4 月） 鲁勇摄

蓓蕾社区　位于芳草街街道北部。1995 年 12 月成立，原名蓓蕾街社区。2002 年，社区范围东起玉林中路，南至火烧堰巷、芳草西二街，西邻永丰路，北接玉林西路。2018 年 6 月，更名蓓蕾社区。2020 年，原芳华社区管理的芳草西二街至火烧堰巷以南、玉林南路以西、二环路南三段以北、永丰路以东区域划归蓓蕾社区管理。调整后，辖区东临玉林中路，南临二环路南三段，西接永丰路，北至玉林西路，总面积 0.71 平方公里。社区居民委员会位于蓓蕾街中巷 5 号。2023 年，有居民 9715 户，主要街巷 19 条，有高中 1 所，为成都玉林中学（高中），幼儿园 1 所，公共休闲场所 1 个，企事业单位 56 个，居民院落 27 个，楼房 171 栋。

蓓蕾社区党群服务中心（2024 年 9 月）　　蓓蕾社区提供

紫竹社区　位于芳草街街道中部偏东。2002 年 7 月成立，原名紫竹北街社区；2018 年 6 月，更名紫竹社区。辖区面积 0.45 平方公里，东起新光路转紫竹东街、中街，南至紫荆东路，西邻紫荆北路，北接二环路南三段。社区居民委员会位于紫荆东路 38 号。2023 年，有居民 4744 户，大小街道 8 条，小学 1 所（成都师范银都小学紫荆校区），幼儿园 4 所，有企事业单位、商家店铺 747 家，居民院落 7 个，

紫竹社区党群服务中心（2024 年 4 月）　　鲁勇摄

楼房 97 栋。

紫荆社区　位于芳草街街道中部偏南。2002 年 7 月成立，原名紫荆北路社区。社区范围东起紫荆东路，南至紫荆西路，西邻紫荆北路，北接二环路南三段。2018 年 6 月，更名紫荆社区。2020 年，原元通社区管理的二环路南三段以南、神仙树北路以西、神仙树西路以北、创业路以东，划归紫荆社区管理。调整后，辖区东至紫荆北路，南至紫荆西路、神仙树西路，西至创业路，北至二环路南三段，总面积 0.54 平方公里。社区居民委员会位于紫荆北路 58 号。2023 年，有居民 7592 户，大小街道 10 条，幼儿园 1 所，大中型企事业单位 4 个，小型企业单位 162 家，居民院落 32 个。

紫荆社区党群服务中心（2024 年 9 月）　紫荆社区提供

紫薇社区　位于芳草街街道东南部。2002 年 7 月成立，原名桐梓林社区。社区范围东起新光路，南至机场路，西邻神仙树南路，北接紫荆东路。2006 年 9 月，更名紫薇社区。2020 年，原紫荆社区管理的紫荆西路以南、紫荆南路以西、紫杉路步行街以北、神仙树南路以东划归紫薇社区管理。调整后，辖区东起新光路，南至火车南站西路，西邻紫竹中街转神仙树南路，北接紫荆东路，总面积 0.6 平方公里。社区居民委员会位于紫荆南路 25 号。2023 年，有户籍人口 15677 人，主要街道 7 条，支线道路 4 条，小学 1 所（成都高新实验小学紫薇校区），幼儿园 3 所，公共休闲场所 4 处，居民住宅小区 21 个，楼房 131 栋。

紫薇社区党群服务中心（2024 年 9 月） 紫薇社区提供

神仙树社区　位于芳草街街道西南部。2010 年 7 月成立。社区范围东起神仙树南路，南至紫瑞大道，西邻创业路，北至紫荆西路区域。2020 年，原元通社区管理的神仙树西路以南、神仙树北路以西、紫荆西路以北、创业路以东，划归神仙树社区。调整后，辖区东临神仙树南路、神仙树北路，西接创业路，北起神仙树西路，南至火车南站西路、成昆铁路联络线，总面积 1.07 平方公里。社区居民委员会位于创瑞街 6 号。2023 年，有居民 9410 户，中学 1 所［成都玉林中学（初中）］、

神仙树社区党群服务中心（2024 年 4 月） 鲁勇摄

小学3所（成都师范银都小学紫薇校区、成都高新实验小学神仙树校区、成都金苹果公学），幼儿园3所，院落10个，楼房110栋。

盛泰社区　位于芳草街街道南部。2019年正式成立。辖区面积1.36平方公里，东起益州大道北段，南至南三环路四段，西至火车南站西路，北至火车南站中环段。社区居民委员会位于成汉北路15号。2023年，有居民13012户，小学1所（成都高新区芳草小学南区），幼儿园2所，社区综合体1个，产业园2个，企、事业单位1000余家，居民院落9个。

盛泰社区党群服务中心（2023年10月）　盛泰社区提供

自然环境

地质地貌

芳草街街道地势较为平坦，地质构造简单，地势由西北向东南微有倾斜，平均海拔470米。盆地底部堆积大量第四系松散物质，以冰积和冰水沉积物为主，组成砂卵砾石，构成平原的主体物质，地下水为第四系孔隙潜水和基岩裂隙水。

土壤

芳草街街道成土母质大部分属全新统新冲积物和少部分上更新统老沉积物，土层深厚，土壤通透性较好，大致可分为水稻土、旱作土两类。

气候

芳草街街道属四川盆地亚热带湿润季风气候区，气候温和宜人，雨量充沛，四季分明，冬春多云雾，夏秋多阴雨。2016 年以前，辖区多年平均气温 16.3℃，多年平均无霜期 280 天，年平均降雨量 969 毫米，年平均风速 1.2 米每秒。2016—2023 年，年均降水量 905 毫米，年均无霜期 341 天；年平均温度 17.5℃；最低温度出现在 2021 年 1 月 12 日，为 -2.3℃；最高气温出现在 2022 年 8 月 21 日，达 43.2℃。

河流

芳草街街道内有肖家河流过，河流走向由北向南，从肖家河街道流入辖区紫荆社区，经元通一巷、神仙树北路、神仙树南路、神仙树公园、神仙树高架桥，从神仙树社区流出，入石羊街道。

人　口

人口总量

20 世纪 90 年代以前，芳草街街道地区几乎为成片农田，人口数量极少。20 世纪 90 年代起，随着辖区经济快速发展和城市化进程加快，人口总量逐年增加。2008 年，人口总量达 10 万人；2013 年，人口总量突破 11 万人；2015 年，人口总量突破 12 万人；2020 年，人口总量突破 13 万人。

表 2　2008—2023 年芳草街街道人口总量统计表

单位：人

年份	人口总量
2008	105623
2009	103114
2010	103669
2011	107611
2012	109226
2013	110198
2014	113800
2015	120975
2016	129260
2017	124461
2018	129615
2019	126666
2020	134134
2021	138188
2022	138128
2023	136359

年龄构成

20 世纪 50 年代，芳草街街道地区青年人口占比较大，老年人口较少。70 年代，开始实施计划生育政策，18 岁以下人口占比开始下降，中年人口成为主要群体，随着医疗水平提高，老年人口占比逐渐增加。80—90 年代，年轻人口占比持续下降，育龄妇女、劳动力人口和老年人口比重上升，社会年龄结构逐渐由年轻型过渡为成年型。2008—2016 年，芳草街街道常住人口中，18 岁以下人口整体呈增长态势，约占常住人口的 16%；18 ~ 60 岁人口快速增长，约占常住人口总量的 65%；60 岁以上人口波动增长，约占常住人口的 19%。

表 3　2008—2016 年芳草街街道常住人口各年龄段占比选年统计表

年份	18 岁以下	18 ~ 60 岁	60 岁以上
2008	17.23%	66.84%	15.93%
2009	16.88%	66.28%	16.84%
2013	16.62%	63.69%	19.69%
2015	13.56%	66.63%	19.81%
2016	14.09%	65.92%	19.99%

2017—2023 年，芳草街街道 18 岁以下人口变化较小，约占人口总量的 13% ~ 14%，每年有 18 岁以下人口 17217 人；18 ~ 60 岁人口数量在 85000 ~ 90100 的范围内波动，约占人口总量的 66% ~ 69%；60 岁以上人口呈逐年增长趋势，约占人口总量的 19% ~ 21%。辖区整体年龄结构为老年型。

表 4　2017—2023 年芳草街街道各年龄段人口统计表

单位：人

年份	18 岁以下	18 ~ 60 岁	60 岁以上
2017	15567	85742	23152
2018	16622	88064	24929
2019	17002	84356	25308
2020	18210	90067	25857
2021	18212	93580	26396
2022	17547	93967	26614
2023	17356	90093	28910

百岁老人

中华人民共和国成立以前，芳草街街道地区人均预期寿命较低。中华人民共和国成立以后，随着医疗服务及人民生活水平不断提高，社会保障制度日益完善，辖区人均预期寿命持续增长，相继出现了多名年龄超过 100 岁的居民，多数年份 100 岁老人女性数量多于男性。2019—2023 年，辖区内百岁老人数量逐年递减，平均每年有百岁老人 10 人，其中，2019 年、2020 年最多，为 12 人；2023 年最少，为 8 人。

表 5　2005—2023 年芳草街街道 100 岁以上老人性别构成选年统计表

单位：人

年份	合计	男性	女性
2005	3	1	2
2008	4	3	1
2019	12	5	7
2020	12	2	10
2021	10	1	9
2022	9	3	6
2023	8	3	5

性别构成

芳草街街道多数年份男性数量少于女性数量，男性人口占比整体呈下降趋势，人口性别比变化较小。

表 6　2000—2023 年芳草街街道人口性别比选年统计表

年份	性别比
2000	112.73
2008	94.08
2009	93.84
2012	93.27
2013	93.26
2015	91.31
2016	90.48
2021	91.06
2022	90.66
2023	90.30

说明：表中性别比数据为男性数量比女性数量，以女性为 100

民族构成

20 世纪 80 年代以前，芳草街街道地区人口以汉族居多。随改革开放和城市化发展，四川民族地区迁移到辖区居住的少数民族人口逐渐增加。根据 2010 年第六次全国人口普查结果，芳草街街道有回族、藏族、苗族、满族、蒙古族等少数民族人口 1046 人。2017—2023 年，辖区少数民族人口持续增加。至 2023 年，共有少数民族 43 个、少数民族人口 4681 人，藏族、回族数量最多，其次为彝族、土家族。

表 7　2017—2023 年芳草街街道少数民族人口选年统计表

年份	少数民族数量（个）	总人数（人）
2017	34	3327
2020	40	4211
2021	43	4547
2022	42	4661
2023	43	4681

人口流动

20 世纪 50 年代，芳草街街道地区神仙树老街通往华阳、仁寿，路过的人很多要在神仙树停歇。60 年代，核动力研究院的主要人员及家属搬到现沙子堰社区区域居住。70 年代，成都电缆厂的工人多从上海、东北三省迁入辖区，技术人员从重庆邮电学院（现重庆邮电大学）迁入。90 年代，国家征用农田，辖区部分农民迁移至其他地区。1995 年，成都市区中部分拆迁户迁移到蓓蕾社区、沙子堰社区区域居住。自 1995 年年末芳草街街道办事处成立至 2010 年，辖区流动人口不断增加。

2011 年，芳草街街道 37671 名流动人口中，来自四川省外的有 6985 人，占 19%；来自四川省内其他市、县的 26932 人，占 71%；来自成都市其他区（市）县的 3754 人，占 10%。

2013—2022 年，流动人口总体上升，2022 年流动人口数量为历年最多，达 72114 人。2023 年，辖区流动人口减少至 69647 人。

表 8　2008—2023 年芳草街街道流动人口选年统计表

单位：人

年份	流动人口
2008	43673
2009	38379

续表 8

年份	流动人口
2010	31415
2011	37671
2012	38946
2013	37763
2014	39781
2015	45180
2018	56384
2019	63416
2020	70490
2021	70942
2022	72114
2023	69647

街道经济

经济发展

20 世纪 50 年代，芳草街街道地区内的村民主要依靠农耕经济兼帮工为生，不少农民在农闲时会到神仙树老街挑担子卖小吃或土特产，且时兴推着“鸡公车”（一种手推的独轮车）走街串巷以物易物。50 年代末至 60 年代，芳草街街道地区经济发展速度缓慢。70 年代，随着国民经济政策调整，芳草街街道地区农业经济恢复发展。80 年代，实行改革开放，芳草街街道地区农村生产力得到解放，农业产值快速增长。90 年代末，餐饮、娱乐等服务业为主的第三产业发展较快，成为街道经济的支柱产业。

21 世纪初，随着农房拆迁工作逐步完成，城市化进程进一步加快，芳草街街道二环路以内各种商业网点日趋完善，紫荆小区商业大世界和“家乐福”大型超市入驻，元通小区等高档住宅启动，沙子堰一带形成以“坐标”“白夜”为龙头的特色酒吧一条街，第三产业蓬勃发展。2008 年，辖区全口径税收达 3 亿元。2012—2015 年，全口径税收收入逐年增多，其中 2015 年全口径税收收入突破 10 亿元。2019—2023 年，一般公共预算财政拨款逐年增多，政府性基金预算财政拨款逐年减少。

表 9　1996—2018 年芳草街街道全口径税收收入选年统计表

单位：万元

年份	全口径税收收入
1996	45
1997	336
1998	802
1999	1031
2000	2365
2001	3575
2003	6520
2008	31300
2010	55031
2011	83735
2012	74671
2013	80595
2014	90000
2015	100535
2016	98183
2017	118694
2018	134138

表 10　2019—2023 年芳草街街道办事处财政收入情况统计表

单位：万元

年份	合计	一般公共预算财政拨款	政府性基金预算财政拨款	其他
2019	31280.15	23996.93	6179.93	1103.29

续表 10

年份	合计	一般公共预算财政拨款	政府性基金预算财政拨款	其他
2020	28133.18	25422.83	2469.38	240.97
2021	31410.64	28987.31	2397.95	25.38
2022	41616.87	39555.41	2061.46	0
2023	39434.96	37517.22	263.76	1653.98

说明：芳草街街道于 2019 年实施机构改革，财政实行部门预算管理，街道改制前后的财政情况分为 1996—2018 年，2019—2023 年两个时间段记述

农业发展

1958 年前，芳草街街道地区农村经济以种植业为主。20 世纪 60—70 年代，以粮为纲，发展牧业、渔业、副业等多种经济。1974—1978 年，原永丰公社元通大队（现芳草街街道辖区）的农业收入呈逐年增长趋势。20 世纪 80 年代，实行家庭联产承包责任制，农业、林业、牧业、渔业、副业协调发展，农业整体收入增高。20 世纪 90 年代至 21 世纪初，随着城市化、工业化和经济体制改革的推进，农耕地被征用，从事传统农业的人口逐年下降，农业经济衰退，街道转入以商贸服务业为主导的发展阶段。

表 11　1974—1982 年原元通大队农、林、牧、渔、副业收入情况表

单位：元

年份	农业收入	林业收入	牧业收入	渔业收入	副业收入
1974	141566.21	—	—	—	65332.99
1975	160403.82	—	1399.6	—	69953
1976	241830.19	—	—	—	59174.81
1977	288018.33	—	4966.07	54.64	89431.86
1978	322128.24	—	—	—	113670
1979	287166.48	—	—	—	96951.85
1980	286913.3	—	—	—	113517.77
1981	381107.24	173.96	3833.12	277.04	136554.52
1982	376102.47	132.86	2310.69	124.04	115573.14

工业发展

中华人民共和国成立以前，芳草街街道第二产业以农村家庭手工业为主导。部分农户开办手工作坊，多作为农民农闲时的副业，未形成规模。20 世纪 50—90 年代，辖区第二产业的核心企业为成都电缆厂，生产电线电缆、线缆专用材料等产品。1994 年，成都电缆厂整体改制在香港上市，更名为成都电缆股份有限公司。1996—2005 年，工业规模扩大、总量增加，辖区企业也建立并实行现代企业制度。2007 年，为配合城市建设，成都电缆股份有限公司整体搬迁至成都高新技术产业开发区西部园区。2007—2009 年，规模以上工业总产值逐年增加，其中 2007 年为 0.85 亿元，2008 年为 1.3 亿元，2009 年为 4.75 亿元。2010 年，引进工业企业 4 家。2011 年，引进工业企业 20 家。2015 年，新办工业企业 16 家、高端装备制造业 43 家。2020 年，“四上”企业（规模以上工业企业，资质等级建筑业企业，限额以上批零住餐企业，规模以上服务业企业）中有工业企业 11 家，建筑业企业 15 家。

表 12　2015—2023 年芳草街街道规模以上工业企业总产值统计表

单位：亿元

年份	工业产值
2015	6.2
2016	12.1
2017	17.5
2018	17
2019	21.4
2020	21.8
2021	21
2022	8
2023	8.5

商贸服务业

中华人民共和国成立以前，芳草街街道地区商贸活动主要在集市和庙会等场合进行，另有挑担、推车的行商沿街贩卖小吃或日用品；“剃头匠”“搬搬匠”“挑水人”等职业也应运而生。中华人民共和国成立后，实行国营商业为主导、合作商业为助手、个体商业和市集贸易为补充的政策，除灯会、花会外，芳草街街道地区其他专业性交易活动基本停止。1958 年，大力发展农业和工业，芳草街街道地区商贸活动停滞。1960 年，国民经济调整后，场镇活动恢复。1978 年改革开放后，农产品交易种类不断增加，芳草街街道地区商品经济得到进一步发展。1998 年，街道着力发展以服务业为主的第三产业，建立与社区管理相适应的商业网点，取缔“马路经济”。1999 年，经济建设向城市管理、社区服务转型，社区配套的餐饮、娱乐等服务行业发展较快。

2000 年，有 50 多家服饰销售商家进驻玉林西路，逐渐形成独具特色的“品牌服饰一条街”。2002 年，紫荆小区商业大世界开业和家乐福大型超市入驻辖区，各种商业网点日趋完善。同年，沙子堰及周边形成以“坐标”“白夜”为龙头的特色酒吧。2005 年，有大小餐饮企业以及零售和文化企业 1040 户，其中纳税额 50 万元以上的纳税大户 34 户；已办证个体工商户中，大小餐饮娱乐企业 294 家，宾馆、酒店 8 家，纳税额 10 万元以上的 10 户；有家政服务业企业 13 家、美容美发业 25 家、茶楼酒吧 20 家、网吧 2 家、房地产及物业管理 2 家、汽车销售与修理服务业 7 家，产值 1000 万余元。

2009—2013 年，辖区餐饮娱乐为主的各类企业数量呈现先增后减的趋势，其中 2009 年有 3997 家，2010 年有 4000 余家，2011 年有 2000 余家，2013 年有 739 家。2015 年，新增服务业企业 488 家、商贸企业 160 家、生产性服务业 158 家。2017 年，社会消费品零售总额 119.3 亿元。

2020 年，街道“四上”企业中有商贸企业 39 家、服务业企业 47 家。2021 年，发展文创产业，利用 IP 影响力开发衍生产品，带动周边新增商户 6 家，业态调整 13 家。2022 年，举办首届“高新芳草生活节”，200 多家企业商户参与活动，联合“交子饭票”平台投放消费券 100 万元，拉动消费 420 多万元。2023 年，“白夜空间”项目投入运营后，带动周边新增文创门店 20 余家；举办第二届“高新芳草生活节”，参与商户 900 余家，拉动消费 2000 余万元。同年，打造四川首个“乐活街区”项目，举办“芳草玉林大市集”7 场，带动周边街区消费上涨约 1000 万元，新增商业门店 3 家、入驻企业 3 家，获得由四川省商务厅、成都市人民政府等联合颁发的餐饮营销案例“火火奖”。

招商引资

1996—2000 年，辖区招引资金逐年增加。1997 年，新引进企业 140 家，累计注册资金 3 亿元。2000 年，先后与多家咨询公司、财务公司、代办机构建立合作关系，引进高科技企业落户。2001年，进驻企业130家。2004年，成立辖区办事处招商引资领导小组，引进内资1.2亿元，引进外资200万美元。

2005年，街道制定出台《芳草街街道办事处招商引资奖励办法》。是年，引进企业310家，注册资金累计3亿元。2008年，招引企业337家，其中商贸企业194家、服务型企业126家、餐饮娱乐企业1家、房地产企业5家、投资型企业11家；到位注册资金6.58亿元，其中注册资金100万～500万元（含）的110家，500万～1000万元（含）的19家，1000万元以上的21家。同年4月18日，东亚银行玉林支行在芳草东街96号正式开业。

2010年，引进注册资金500万～1000万元（含）的企业34家，1000万元以上的企业33家；累计引进到位资金14.61亿元。2011年，引进100万～500万元（含）的企业207家，500万～1000万元（含）的企业33家，1000万元的企业38家；到位资金14.37亿元。同年，"以商招商"中，引进企业741家，其中高新区内纳税企业588家，高新区外纳税企业153家。2015年，与虚拟产业园合作，引进企业14家，注册资金6.78亿元。2019年，新增入库商贸企业4家。2020年，新增上规入库企业15家，营业收入2亿元以上。

2023年，芳草街街道引进成都民营汽车服务有限公司、成都民营企业管理有限公司等10余家优质企业，引进市外内资2800余万元。同年，打造成都高新区唯一一个低密度、花园式商办园区晶立方·新经济总部，入驻企业12家，引进市外内资800万元，引进主要产业企业8家，配套企业4家。

社会事业

居民收入

20世纪50年代以前，芳草街街道地区农民收入主要为务农所得。50年代末到80年代，农民收入主要源于集体统一经营收入分配。1978年改革开放后，辖区内推行家庭联产承包责任制，家庭经营收入成为居民收入主要来源。同时，随着农村劳务经济发展，农民工资性收入不断增加，居民收入构成日趋多元化。90 年代，芳草街街道城市化进程加快，工资性收入和经营性收入成为居民主要收入来源，居民人均收入持续增长。2007—2022 年，辖区居民人均可支配收入整体呈增长趋势。

表 13　2007—2022 年芳草街街道居民人均可支配收入选年统计表

单位：元

年份	居民人均可支配收入
2007	15660
2008	20436
2009	20560
2010	23294
2012	30983
2013	33876
2015	37807
2016	40491
2017	43689
2018	47139
2019	51287
2020	54354
2021	58920
2022	61277

教育发展

学前教育　1994 年，成都倍特幼儿园成立，位于高新区神仙树西路紫丁巷 4 号。2000 年，金苹果国际美语幼稚园（现成都高新区金苹果美宇幼儿园），位于创瑞街 7 号。2000 年，成都高新区金苹果银都幼儿园成立，位于成都市高新区新光路 8 号银都花园内。2002 年，金苹果中海名城幼稚园（现成都高新区金苹果名城幼儿园）成立，位于芳草街街道紫瑞北街 5 号。2003 年，成都高新区妈咪家国际双语幼儿园（现成都高新区妈咪家幼儿园）成立，位于芳草街街道紫竹中街。2012 年 9 月，新办第一所公益性幼儿园蓝迪幼儿园正式开园。2016 年 9 月，第一所公办幼儿园成都高新区绿舟紫薇幼儿园（现成都高新区芳草第一幼儿园）开园。2017 年 10 月，第二所公办幼儿园成都高新区国华盛泰幼儿园（现成都高新区芳草第二幼儿园）开园，属高新区大型幼儿园之一。2018 年 10 月 19 日，第三所公办幼儿园成都高新区成汉北路幼儿园（现成都高新区芳草第三幼儿园）开园。2019 年 9 月，街道投入 90 万元改建原光亚幼儿园为公办幼儿园，即成都高新区蓝天路幼儿园（现成都高新区芳草第四幼儿园）。2021 年 4 月 25 日，公办幼儿园全部更名完成。同年 8 月，成都高新区芳草第五幼儿园开园；9 月，成都高新区芳草第六幼儿园开园。截至 2023 年，辖区共有幼儿园 15 家。

成都高新区芳草第一幼儿园。2016 年 9 月，成都高新区绿舟紫薇幼儿园开园，位于成都高新区紫薇东路 69 号附 2 号，是创新模式公办园，占地面积 1914.5 平方米，开设 9 个班级，可容纳在园幼儿 270 人。2021 年 4 月 25 日，成都高新区绿舟紫薇幼儿园更名为成都高新区芳草第一幼儿园。2022 年 1 月，被成都高新区教育

成都高新区芳草第一幼儿园（2024 年 9 月）

文化和卫生健康局评定为成都市一级幼儿园。2023 年，共有在园幼儿 252 人、教职员工 51 人。同年 5 月，被评定为四川省示范性幼儿园。

成都高新区芳草第二幼儿园。2017 年 10 月，成都高新区国华盛泰幼儿园开园，占地面积约 5000 平方米，规模为 15 个班，可容纳 450 人次，设有大、中、小班各 5 个。2019 年，被成都高新区教育文化和卫生健康局评为成都市二级幼儿园。2021 年 4 月 25 日，成都高新区国华盛泰幼儿园更名为成都高新区芳草第二幼儿园。2023 年，共有在园幼儿 436 人、教职员工 72 人。

成都高新区芳草第二幼儿园（2024 年 9 月）

成都高新区芳草第三幼儿园。2018 年 10 月 19 日，成都高新区成汉北路幼儿园开园，占地面积约 2430 平方米，共开设 6 个班级，可容纳在园幼儿 180 人。2020 年 12 月，被成都高新区教育文化和卫生健康局评定为成都市二级幼儿园。2021 年 4 月 25 日，成都高新区成汉北路幼儿园更名为成都高新区芳草第三幼儿园。2023 年，共有在园幼儿 175 人、教职工 37 人。

成都高新区芳草第三幼儿园（2024 年 1 月 9 日）

成都高新区芳草第四幼儿园。2019 年 9 月，成都高新区蓝天路幼儿园开园，设计规模 6 个班级，可容纳在园幼儿 180 人。2021 年，被成都高新区教育文化和卫生健康局评定为成都市二级幼儿园。同年 4 月 25 日，成都高新区蓝天路幼儿园更名为成都高新区芳草第四幼儿园。2023 年，共有在园幼儿 178 人，教职员工 37 人。

成都高新区芳草第四幼儿园（2024 年 3 月）

成都高新区芳草第五幼儿园。2021 年 8 月，成都高新区芳草第五幼儿园开园，设计规模 6 个班级，可容纳在园幼儿 180 人。2023 年，共有在园幼儿 176 人、教职员工 36 人。同年 6 月，被成都高新区教育文化体育局评定为成都市二级幼儿园。

成都高新区芳草第五幼儿园（2024 年 9 月）

成都高新区芳草第六幼儿园。2021 年 9 月，成都高新区芳草第六幼儿园开园，设计规模 9 个班级，可容纳在园幼儿 270 人。2023 年，共有在园幼儿 243 人、教职员工 51 人。同年 6 月，被成都高新区教育文化体育局评定为成都市二级幼儿园。

成都高新区芳草第六幼儿园（2024 年 9 月）

小学教育　1949年前，永丰乡（现芳草街街道辖区）没有私塾。20世纪50年代，永丰乡元通大队有元通小学（由原元通桥附近的空寺庙拆除后建立），七里大队有七里小学（由七里寺庙拆除后建立），南郊大队的学生皆到红牌楼一带就读。1996年，成都高新区第三（芳草）小学在沙子堰社区成立。1997年9月，位于神仙树西路的成都高新实验小学开校。2000年，成都高新区与成都师范学校联合创办成都师范银都小学，地处紫荆北路1号。2005年，成都师范银都小学于紫薇大道修建紫薇校区。同年，成都高新区第三小学更名为成都高新区芳草小学。2009年，创办金苹果公学。2023年，辖区共有小学4所。

成都高新实验小学。1997年9月，成都高新实验小学（神仙树校区）正式开校，位于芳草街街道神仙树西路，有19个班，教职工45人、学生1080人。2000年，被评为四川省教师示范技能示范学校、成都市校风示范学校，为高新区第一所成都市义务教育示范学校。2003年3月，被四川省教育厅授牌为四川省校风示范学校。2004年3月，被中国教育学会授予“全国艺术教育特色单位”称号。2005年，被四川省确定为首批10所“新课程、新理念、新技术、新师德”教育研训基地之一，被评为成都市示范家长学校。2008年，有教学班28个、学生1331人。2009年，有33个教学班、学生1560人，小学高级教师52人。2010年，有31个教学班，学生1421人。2011年，有33个教学班、学生1560人。同年5月，被成都市教育局评为成都市新成长型学校。2016年9月，成都高新实验小学紫薇校区投入使用。2023年，2个校区共开设72个教学班，有学生3000余人、教师200余人。

成都师范银都小学。2000年8月，成都高新区与成都师范学校联合创办成都师范银都小学（紫荆校区），地处芳草街街道紫荆北路1号，率先在中国中西部地区实行小班化教学。2001年，被命名为“中国青少年素质教育基地”。2003年，被评为成都市家长示范学校、交通安全学校和高新区学习型学校。2004年，被四川省关心下一代工作委员会授牌青少年行为习惯养成教育实践基地。2005年，被四川省教育厅授予“四川省校风示范学校”和“四川省艺术教育特色学校”称号。同年，新建紫薇校区，位于紫瑞大道122号，实行“一校两区”一体化管理。2007年，被国家语言工作委员会、教育部评为全国首批语言文字规范化示范学校。同年，被国家环保局、教育部评为全国绿色学校。

2008年，成都师范银都小学（紫荆校区）有教学班26个、在校生750人；紫薇校区有教学班28个、在校生764人。同年，被国家教育部评为教育部中小学校长培训实践基地。2009年，实行理事会领导下的校长负责制。同年，紫荆校区教学班缩减至25个，共有在校生726人。2010年，紫荆校区占地面积6720平方米，共有在校生677人；紫薇校区占地面积10380平方米，有教职工87人、教学班31个、在校生920人。同年，获北京联合国教科文组织批准，加入联合国教科文组织。2015年，实行成都市教育体制改革试点项目“探索小班化教育教学改革”。同年，实行集团化办学，建立成都师范银都紫藤小学。2017年，被教育部评为全国中小学心理健康教育特色学校。2022年9月，改制为公益一类事业单位。2023年，共有55个教学班、学生1700余人、教职工140余人。

成都师范银都小学（紫薇校区）

成都高新区芳草小学。1996年9月，高新区第三（芳草）小学在芳草街街道沙子堰中巷1号成立（北区）。2005年8月，学校更名为成都高新区芳草小学，为高新区直属管理体制改革学校。2008年，有教学班24个、在校生1168人。2009年，有22个教学班、在校学生1060人、在编教师72人。2010年，有22个教学班、学生1050人、在编在岗教师53人。2011年，有在编教师72人。2013年，位于泰和二街180号的成都高新区芳草小学（南区）开校。2022年，南、北两个校区建筑面积共14661平方米。2023年，北区面积3220.44平方米，共有教学班27个、学生

1147 人、教师 82 人；南区面积 13577 平方米，共有教学班 41 个、学生 1845 人、教师 115 人。

成都金苹果公学。2009 年，金苹果教育集团创办成都金苹果公学，为民办普通全日制小学，位于成都高新区芳草街街道神仙树社区，被誉为“博物馆式的小学”。学校建筑面积 2 万平方米，总规模 36 个班，每班 36 人。2022 年，学校共有学生 1548 人、教职员工 237 人，其中专业教师 150 余人，拥有硕士学位的教师 18 人，外籍教师及具有海外留学工作经历者 26 人。2023 年，学校共有学生 1622 人、教职员工 197 人，其中专业教师 140 余人，拥有硕士学位的教师 17 人，外籍教师及具有海外留学工作经历者 26 人。

中学教育　1992 年，成都电视设备厂、成都电缆厂、电子部 30 所、地矿部成都研究所、中国核电力院、西南物理研究所 6 家单位共同出资在芳草街街道修建成都高新中学。1997 年，成都高新中学改制为直属成都高新区管委会的公办学校，并更名为成都高新实验中学。1998 年，成都玉林中学（以下简称玉林中学）启用芳草校区。1999 年，玉林中学划归成都高新区管辖。2004 年，玉林中学芳草校区与玉林中学西区、成都高新一中合并建立新玉林中学。2019 年，成都高新实验中学搬至三环路，划归肖家河街道管辖。2023 年，辖区共有中学 1 所。

成都玉林中学芳草校区、紫荆校区。1998 年，玉林中学芳草校区启用。1999 年，被成都市委、市政府划归成都高新区管辖。2003 年，被评为四川省现代教育技术示范学校。2004 年，玉林中学芳草校区与玉林中学西区、成都高新一中合并。2008 年，有 32 个高中班，在校学生 1809 人。同年，被确定为四川省竞技健美操训练基地、成都市青少年跆拳道训练基地。2009 年，有 31 个高中班，在校学生 1823 人；2010 年，在校学生 1830 人。2013 年，有教职工 412 人。2019 年，因高新区区域教育格局调整，玉林中学启动紫荆校区建设，形成“一校五点”办学格局。2023 年，玉林中学芳草校区占地面积 68.3 亩，有教职工 170 人、学生 1450 人、教学班 30 个。同年，玉林中学紫荆校区处于建设阶段。

成都玉林中学芳草校区（2019 年 7 月）

成都高新实验中学。1992 年 9 月，成都电视设备厂、成都电缆厂、电子部 30 所、地矿部成都研究所、中国核电力院、西南物理研究院 6 家单位共同出资修建成都高新中学，是年，有教师 51 人、学生 400 多人。1997 年 6 月，改制为直属成都高新区管委会的公办学校，更名为成都高新实验中学，位于芳草街街道紫荆西路 27 号。同年，新建教学综合楼 1 幢，扩建运动场，北京大学教授、著名书法家启功题写校名。是年，有优秀骨干教师 56 人、学生 900 人。2002 年 6 月，成为成都市重点中学。2003 年 1 月，被四川省教育厅评为四川省校风示范学校。2005 年 7 月，被四川省教育厅评为四川省实验教学示范学校；10 月，被评为四川省现代教育技术示范学校。

2008 年，成都高新实验中学占地面积 50 余亩，有 22 个高中班，高中学生 1115 人；有 18 个初中班，初中学生 675 人。2009 年，有教职工 158 人，中高级职称教师占 74%；高中班增至 27 个，高中学生 1439 人；初中班 18 个，初中学生 720 人。2010 年，学校占地面积 110 余亩，建筑面积 4.8 万平方米。同年，有教职工 145 人，49 个教学班、在校学生 2377 人。2011 年，按省级重点中学标准配备现代化教学设施，建成拥有 400 米跑道和 300 米跑道的塑胶运动场各 1 个，篮球场、排球场、羽毛球场设施齐全。是年，共有教职工 160 多人，中高级职称教师占 80%。2019 年，成都高新实验中学搬至三环路，划归肖家河街道管辖。

医疗卫生

医疗机构　20 世纪 50 年代以前，万寿乡（现芳草街街道辖区）没有医院，村民看病要去洗面桥一带。1958 年，永丰乡修建成都电缆厂，由划分的南郊大队和元通大队组建一所医疗站，村民生小病去医疗站。20 世纪 90 年代后期，成立芳草社区卫生服务中心。

2008 年，芳草街街道改建社区卫生服务中心，并改进其他公共医疗点的软、硬件设施，基本建成辖区居民 15 分钟就医圈。同年，辖区有医院、卫生院、私人诊所等医疗机构 37 家。2009 年，蓓蕾社区卫生服务站开设中医药门诊。2010 年，蓓蕾街社区有医疗机构 6 个，芳华街社区有医疗机构 6 个，紫荆北路社区有医疗机构 5 个，紫竹北街社区有医疗机构 5 个，紫薇社区有医疗机构 6 个。2011 年，紫薇社区卫生服务站建立。2019 年，“四川大学华西医院芳草门诊部”挂牌成立。2023 年，芳草街街道有门诊部、诊所、护理站、卫生站、康复医疗中心等各类医疗机构 80 家，其中民营医院 9 家，涉及内科、外科、妇科、口腔、眼科、医疗美容等多个领域。

表 14　2023 年芳草街街道民营医疗卫生机构基本情况表

名称	地址	诊疗项目	所在社区
高新区华南医院	蓝天路 58 号	内科、外科、妇科、口腔内科、医检	蓓蕾
高新区普康医院	神仙树北路 13 号	内外科	紫荆
成都华厦眼科医院有限公司	玉林北路 2 号附 1-2 号	预防保健，内科，眼科，麻醉科，医学检验科，临床体液，血液专业，临床化学检验专科，超声诊断科，医学影像科，心电诊断科，中医科	沙子堰
成都西部中西结合医院	一环路南三段 28 号	综合性医疗（含放射）	沙子堰
高新区后美整形医院	诚通路 300 号	医疗美容科，美容外科，美容皮肤科，美容中医科，美容牙科，麻醉科，医学检验科；临床体液、血液专业	盛泰

续表 14

名称	地址	诊疗项目	所在社区
四川华美紫馨医学美容医院	二环路南三段 25 号	医疗美容科，美容外科，美容皮肤科，美容中医科，美容牙科，麻醉科，医学检验科（体液、血液），心电图、影像科（诊断专业）	蓓蕾
四川娇点医学美容医院有限公司	二环路南三段 15 号	医疗美容科，美容外科，美容皮肤科，美容中医科，美容牙科，麻醉科，医学检验科（体液、血液），心电图、影像科（诊断专业）	蓓蕾
成都瞳仁视康眼科医院	诚通路 276 号	预防保健科，眼科，医学影像科；超声诊断专业；心电诊断专业，中医科	盛泰
中诺口腔医院	紫荆北路 2 号 2 楼	口腔科	紫荆

社区卫生服务中心　20 世纪 90 年代后期，芳草社区卫生服务中心成立，原址位于蓓蕾社区靠近火烧堰处。2008 年，街道出资 9 万元，对芳草社区卫生服务中心三楼计划免疫室、儿童保健室、儿童活动室、妇女保健室进行装修改建，并在一楼改建残疾人厕所。同年，芳草社区卫生服务中心门诊接诊病人 23921 人次。同年，在火烧堰巷 19 号重新修建蓓蕾卫生服务站，投入 20 多万元对新卫生服务站按照“八统一”要求（统一布局规划、统一建设标准、统一标志标牌、统一制度规范、统

芳草社区卫生服务中心（南区）（2022 年 1 月）

一信息管理、统一防治模式、统一考评办法和统一基础设备）进行装修。2009 年，筹建新芳草社区卫生服务中心，蓓蕾卫生服务站增设中医门诊部。2010 年 12 月，新芳草社区卫生服务中心北区建成并投入运行，新址位于创瑞街 10 号，实行“中心—站”一体化管理。2011 年，以中医药为特色打造紫薇社区卫生服务站，位于新光路 60 号。同年，芳草社区卫生服务中心通过成都市中医药特色社区卫生服务中心验收。2012 年 7 月，芳草社区卫生服务中心接受“四川省示范社区卫生服务中心”创建专家组工作检查，获四川省第一名。同年 9 月，被授予“国家级示范社区卫生服务中心”称号。2014 年，成功创建成都市 AAAAA 级预防接种门诊，被评为成都市首家国际化预防接种门诊单位。

2018 年，芳草社区卫生服务中心通过“成都市示范中医馆”评选，获高新区基层医疗机构岗位练兵集体一等奖，被评为一星数字化基层机构。2019 年 6 月，四川大学华西医院正式托管芳草社区卫生服务中心，“四川大学华西医院芳草门诊部”挂牌成立。2022 年 1 月，芳草社区卫生服务中心南区建成开诊，位于泰和二街 366 号，南、北区建筑面积共计 9000 平方米。2023 年，芳草社区卫生服务中心设有华西专家门诊、全科、儿科、中医科、康复科、医学美容科等科室，蓓蕾、紫薇 2 个社区服务站开设全科、中医科、康复科；芳草社区卫生服务中心有医护人员 131 人，两个社区服务站实行轮岗制，蓓蕾卫生服务站每日有医务人员 6 人，紫薇卫生服务站每日有医务人员 5 人。同年，芳草社区卫生服务中心参加四川省名中医评选活动，获得成德眉资中医经典竞赛二等奖及高新区基层中医适宜技术比赛三等奖。

公共健康服务　1996—2005 年，成都高新区社会事业局委托成都电缆厂职工医院（成都高新区防疫站）承担日常传染病预防工作，主要实行计划免疫周门诊制度。2009 年，芳草街街道推行惠民政策，包括实施基本药品零差率、免挂号费、降低就医价格等措施，同时推出“医疗爱心卡”方便弱势人群就医，全年共拨付公共卫生经费 123 万元、药品零差价补贴 11.4 万元；发放爱心医疗救助卡 918 张，共计 18.36 万元。同年，实行“中医药进社区、入院落”的特色社区卫生服务模式。2010 年，共开展医疗服务进院落 90 次、义诊咨询 50 次；医疗重点人群管理 11793 人，建档并规范化管理慢性病患者 2780 人。

2016 年，芳草社区卫生服务中心为老年人建立绿色医疗通道，免除门诊挂号费、基本体检费、健康档案建卡费，为1499名65岁以上老年人进行免费健康体检。同年，社区卫生服务中心中医科科长刘卫东获“成都市名中医”称号。2021年，成都市社会公众满意度测评中芳草街街道“医疗卫生”项目满意度得分82.09分，位居成都高新区第一位。2018—2023年，规范化建立居民健康档案数量总体增加。

表15　2018—2023年芳草街街道居民健康档案规范化管理情况一览表

年份	档案数量（份）	规范化建档率
2018	—	97.82%
2019	89665	96.03%
2020	—	96.47%
2021	96700	95.02%
2022	116110	97.23%
2023	116388	95.19%

“家庭医生”服务　2011年，芳草街街道启动“情系民生，健康万家”家庭医生服务，将家庭医生服务与中西医结合的慢病管理模式结合，组建全科服务团队，设计有偿与无偿服务相结合的5大类别健康管理服务包，形成“小病在社区、大病到医院、康复回社区、健康进家庭”的基本医疗保健新格局。2012年，共20余名家庭医生分布在街道内不同的服务片区，基本覆盖老年人和慢性病患者，家庭医生服务共签约居民4000余户，近7000人。2013年，家庭医生签约及管理6748户10380人；2015年，累计签约居民13548户；全年门诊服务16万余人次。2017年，试点养老院“整体签约”家庭医生团队模式。社区卫生服务中心家庭医生团队获“全国优秀家庭医生团队”称号。2019年，共有10个家庭医生服务团队，签约43000余人，签约率41.92%。2022年，家庭医生签约率41.46%，重点人群家庭医生签约率79.11%。2023年，常住人口签约52592人，0～6岁儿童签约4007人，65岁及以上常住居民签约12723人，孕产妇签约829人，在管高血压患者签约5794人，在管2型糖尿病患者签约2292人，肺结核患者签约27人，严重精神病患者签约207人，残疾人签约811人，特别帮扶对象签约284人。

社会保障

2005年，芳草街街道实施低保、特困残疾人和重点优抚对象等专项救助，设立政府救助、社会救助、慈善救助等救助专项资金。2006—2007年，投入200万元建立“情暖百家”互联网。2007年，投入800余万元开展济困、助学、助医、助残、助就业等送“爱心”活动；投入约100万元建立“慈善爱心”互助站5个。同年，推出专为空巢孤寡老人提供特别关爱的“小兰在行动”志愿服务；建立“情暖百家”互助制度，组建“情暖百家”志愿者服务队和社区爱心联络员队伍167人，为258户困难群众提供每月100元的特别救助。

2008年，芳草街街道“情暖百家”主题活动帮扶各类困难群众3516人次，涉及金额近40万元，其中“小兰在行动”服务空巢老人45人。2009年，为260户空巢老人建立“一帮一”的帮扶对子；组织开展老年人专题活动8次、慰问活动3次；为高龄老人办理生活补贴800余人，50万余元。同年，获得成都市劳动和社会保障局授予的成都市2009年度社会保险待遇领取资格核查工作“优质服务核查点”称号。2011年，城镇职工基本医疗保险待遇拨付832人次，城乡居民基本医疗保险待遇178人次，生育保险拨付158人次。2012年，城乡居民参加社会养老保险66人；城乡居民医疗保险征缴，成人参保2251人，少儿参保3204人；城乡居民基本医疗保险待遇拨付625人次，生育保险拨付668人次。同年，投入120万元完成街道助老服务中心和元通社区助老服务站建设。

2013年，芳草街街道居民社会养老保险覆盖率90%；城乡居民医疗保险成人参保1216人，少儿参保2525人。街道养老院正式投入使用，入住率70%。2014年，社会保险总办件量近10万件。建成街道助老助残服务中心、新能助老助残服务站、蓓蕾助老助残服务站和元通助老助残服务站，共入住老年人全托23人、日托3人。

2015年，芳草街街道累计救助、慰问困难群众6000人次，发放资金近300万元。建设芳草养老助老信息管理平台，建成蓓蕾、元通等4个社区日间照料中心，引入4家社会组织对610名困难及失能老人开展居家养老服务。是年，芳草街街道办事处获“四川省敬老爱老助老先进集体”称号。2016年，联合社区卫生服务中心、服务机构探索实施医养结合居家养老新模式和残疾人康复服务模式，为2463名老年人提供养老服务13934次，为残疾人提供助残服务16286次，芳草街街道办事处获“四川养老服务社会示范社区”称号。2017年，新增2个社区日间照料中心，为3412名老人提供养老服务26754次，为持证残疾人提供助残服务21606次，芳草街街道办事处被评为四川省残疾人工作先进单位。

2018年，芳草街街道“智慧养老”多媒体及养老服务点单系统上线，为老年人提供居家养老服务11.13万次；芳草助老中心改造升级为社区养老院，与西南交通大学合作启动嵌入式养老新模式，完成200户困难老年人家庭适老化改造。2019年，相继建立3个健康管理小屋、4个院落“窝窝”服务点、1个社区护理站和1个老年食堂，编排具有芳草特色的老年健身操和老年人防骗宝典。助残上门服务38756人次，为178名残疾人提供就业、康复知识普及、康复训练指导等服务，打造助残服务示范点1个。2019—2022年，发放高龄津贴人数与金额逐年增多。同期，用于其他残疾人事业支出逐年增多，其中2021年支出63.11万元，比2020年支出的17.54万元增长近三番。

2020年，芳草街街道嵌入6个“院落窝窝助老点”，新建老年人助餐服务点1个，投入养老服务补贴资金138.9万元。2021年，新建2个社区老年人助餐点位，为3820名80岁以上老年人发放高龄津贴529.06万元。同年，社会保障类办件量约9.59万件，参保5人以上企业数2392家，社保医保“网上办”覆盖率97.87%。2022年，发放低保金、临时救助金、重度残疾人护理补贴、高龄津贴等830.4万元。推进居家智能监护支持系统试点。2023年，打造“善行芳草”服务品牌，组建困难群体服务志愿者队伍7支。依托丰收综合体，以“爱FUN享”社工站为载体，募集公益捐款21万余元，联合社工站申报“慈善助力·与爱同行”困境家庭心社联动帮扶个案，入选成都市特殊困难群众“关爱随行”心理健康救助优秀案例。

表16　2007—2023年芳草街街道救助低保贫困家庭选年情况表

年份	救助贫困人数（人）	低保金（万元）
2007	2649	69.2
2010	4720	118.06
2011	3915	125.36
2012	3173	100
2013	2602	97.1
2014	2358	103.76

续表 16

年份	救助贫困人数（人）	低保金（万元）
2016	2222	123.1
2017	2196	125.17
2020	1561	124.12
2021	1449	170.6
2023	1448	143.1

就业创业

平台建设　2000年12月21日，芳草街街道成立社区就业服务中心，帮助下岗、失业人员再就业。2008年，出台《芳草创业促就业工作实施方案》，建立创业激励机制，打造新光路60号院等创业示范基地，启动5个创业项目，培育45名创业典型。2009年，打造产业示范基地、大学生就业见习基地、失业人员培训基地，其中产业示范基地共培训35人，18人创业成功，带动就业108人；见习基地由企业单位及7个社区和综合文化活动中心建立，吸纳见习大学生112人；培训基地组织免费再就业技能培训班7期，培训农民工499人、失业人员256人，235人实现再就业。2011—2013年，以“芳草街街道高校毕业生就业创业筑基工程”为基础，优化大学生求职创业平台，推进大学生就业创业。2014年，街道在成都市范围内首次尝试通过“政府搭台、社会组织托管、群众评估”方式搭建新型就业创业促进平台，成为成都市就业援助现场会参观点位之一。同年，以“高新芳草创业超市”为平台，建立“大学生创业孵化基地”，通过与“V芳草”大学生创业大赛、创业论坛等平台互联互通，孵化3个项目落地，解决500人就业问题。

2015年，芳草街街道打造“互联网+”的就业创业“微播录”宣传平台，建立街道“创业孵化园”和4家就业创业实训基地。2016年，建立开发“芳草云创青年”微信公众号，提供保障服务、政策查询、新闻资讯传递、就业岗位对接、创业超市云端等服务，网络互动超过10000余人次。同年，开展“乐创业”之创业陪伴计划，打造1200平方米街道级公益组织创业园，投入20万元设立街道公益创业扶持基金，与21个公益项目对接。2017年，建立“芳草云创青年”服务平台，建设虚拟孵化园和“芳草创业成长营”。同年，打造就业创业合作社新型创业载体，发放双困家庭就业托底补贴 33.85 万元。2019 年，新增蓓蕾社区、神仙树社区 2 个点位的创业小屋。同年，依托玉林西路的小酒馆文化打造文创示范街。

就业创业活动　1996 年，芳草街街道针对农民文化水平普遍较低、知识和技能缺乏的问题，采用多种方式对待业人员进行就业培训。1999 年 4 月 12 日，芳草街劳动就业综合发展中心开始开展职业介绍业务。

2010 年，芳草街街道推进“国家级创业型城市”创建，创业培训 30 人、创业成功 29 人，创业带动就业 191 人。2017 年，举办“芳草街街道创业集市”活动 3 场，近 1000 人次参与，组织 40 名大学生参加就业见习和社会实践，发放见习补贴 8.38 万元。2018 年，开始实施“政社合作 143”新模式（即打造一个“双创”中心，提供一站式系统、专业、个性、精准化服务，形成“街道—社区—院落”三级就业创业服务体系）。同年，兑现就业资金 410 万元。2019 年，开展院落驻点宣传 35 次、组织创业大赛和创业集市 60 期、举办创业沙龙 6 次，孵化培育创业团队 8 个。同年，采用“社区搭台、社企参与、产教融合”的模式，开展 60 期“FUN 市集”创业主体活动，惠及创业居民 2000 人。

2020 年，芳草街街道向 260 人发放专业技术技能提升补贴，兑现金额 35 万元；发放技能提升补贴 588 人，兑现金额 86 万元。2023 年，开展政策宣传、岗位推送、职业培训推介等服务，举办线下招聘会 12 场，参与企业 200 家次，提供岗位及发布用工信息 1000 个。

就业创业成果　2002 年 4 月，时任中央政治局常委，国务院副总理、党组成员，中央企业工委书记吴邦国在四川调研时深入芳草街街道，考察其开办的社区服务项目，得知 7 万人的街道通过开办小餐厅、小商店、小报亭、托幼所、托老所等安排 4000 人就业。2007 年，芳草街街道帮助有就业能力和就业愿望的 647 名失业人员实现再就业，再就业率 96.27%，其中“4050”（指处于劳动年龄段中女性 40 岁以上、男性 50 岁以上的，本人就业愿望迫切，但因自身就业条件较差、技能单一等原因，难以在劳动力市场竞争就业的劳动者）等就业困难人员再就业率 96.85%。2008 年，街道城镇就业率 98.17%；“4050”援助对象就业 159 人，再就业率 98.76%。2010 年，城镇劳动力就业 27520 人，就业率 98.9%；358 名就业困难人员全部就业，就业困难人员再就业率 100%。

表 17　2008—2023 年芳草街街道新增就业人数选年统计表

单位：人

年份	新增就业人数
2008	589
2009	633
2010	644
2011	375
2013	469
2015	10937
2016	7769
2017	6373
2018	3980
2019	6478
2020	6443
2021	6160
2022	4122
2023	5049

说明：2014 年以前，新增就业人数仅为失业人员；2015 年后，街道采用实名制系统，统计结果为辖区所有群体新增就业情况

文化活动

20 世纪 50 年代，芳草街街道地区为农村地区，北方的秧歌舞和新型剧种——话剧等在此期间传入辖区，为群众文化活动增添了新形式，活动内容多为宣传“抗美援朝”、中苏友好、“一五”计划等国家重要政策。1959—1962 年，国民经济困难时期，辖区文化活动减少。60 年代“文化大革命”时期，文化活动主要以唱样板戏、唱“红歌”、跳“忠字舞”等形式进行，其他群众性文化活动再次陷入停滞。80 年代后，随着改革开放的推进，群众文化活动逐渐得到恢复和发展。90 年代，城市化进程加快，以知识分子为主体的文学创作、绘画等艺术活动盛行，同时，一些新的艺术形式如健身操、街舞、卡拉 OK、摄影等不断涌现。进入 21 世纪，街道群众性文化活动发展出文学、音乐、舞蹈、美术、摄影、戏曲等多个门类，社区

2015 年，成都高新区第二届市民文化艺术节——端午篇在蓓蕾社区翠园广场举办　　罗蓂中提供

文化随之兴起，各类节庆文体表演、比赛活动日益丰富。同期，各社区均建立起文体活动室。2005 年，辖区内共有公共文化设施有 21 处，包括社区服务中心文体活动室（兼图书室）1 个、各社区文化活动室 7 个、文化广场 4 个、特色文化广场 1 个、健身房 1 个和社区图书室 7 个。2007 年，成立“芳草社区情暖百家艺术团”，以“丰富社区文化生活，打造群众喜爱的文艺精品，服务社区，展示社区文化”为宗旨，开展群众文化活动。2008 年，共举办大型文体活动 3 次，7 个社区共举办各类文体活动 100 余场次。

2011 年，芳草街街道通过新建成的综合文化活动中心开始组织、策划、开展各类大型文艺演出 29 场、艺术展览 6 次，发动志愿者 600 余人次，观众 2 万余人次，受益群众3 万余人次。4—6 月，“芳草社区情暖百家艺术团”承办社区巡演活动，每周在社区开展一次综艺类节目演出。2012 年，开展“百姓故事会”系列活动，将蓓蕾社区翠园广场定为百姓故事会示范点，故事会以乐队演奏同百姓讲故事相结合的形式开展。4 月，举行 2012 年芳草社区棋类协会成立仪式暨“芳草杯”中国象棋百人赛。

2013 年，芳草街街道主办成都文化四季风“中国梦·我的梦”系列活动之“芳草杯”社区篮球联赛，历时 3 个月，共举办 120 场比赛。2014 年，以“春晓”“夏茂”“秋实”“冬韵”为主题，开展“文化芳草四季行”群众文化系列活动。3—12月，开展全民读书活动·国学系列专家讲座6次，参与群众2000多人次。2015年，开展“我们的节日”系列群众文化活动、“舞动芳草”、曲艺大赛等大中型群众文化活动30场，参与群众30000余人次；组织大型体育比赛6场，参与人数8000余人。2017年，举办“我们的中国梦”主题活动之2017年芳草街街道文化惠民演出系列活动6场。开展“我们的中国梦”主题活动之“少年强·中国强”青少年系列活动7场，通过培训、夏令营、展示、比赛等多种形式，提升青少年的综合能力。2021年，围绕“FUN生活·集趣芳草”“爱成都·迎大运”等主题开展基层群众文化惠民活动；组织开展“书香成都”全民阅读系列、原创节目展演、社区民谣音乐节等群众文化活动42场。2023年，共开展文化活动150余场，自主举办体育赛事活动40余场，协办参与区级、市级赛事活动20余场。

2023年，重阳节游园暨文创作品展活动现场

精神文明建设

思想道德建设

1996年12月25日，成都高新区芳草街街道党工委贯彻中共十四届六中全会《中共中央关于加强社会主义精神文明建设若干重要问题的决议》精神，进行“两个文明”建设（物质文明和精神文明）。2010年5月24日，由成都毛泽东诗词研究

会主办、街道办事处协办的“弘扬抗震救灾民族精神诗歌朗诵会”在街道综合文化活动中心举行，成都市各区、县的代表80多人参会。2011年，成都高新区芳草街街道党工委依托“社区党校”“党员之家”等阵地，开展思想政治教育；编发《党员风采耀芳草》，在要求自学的同时，组织优秀党员到各社区进行巡回演讲，宣传典型，弘扬正气。

2012年，芳草街街道建立道德故事讲堂，宣讲社会公德、职业道德、家庭美德和个人品德“四德”内容，以及历史上和身边涌现的助人为乐、见义勇为、诚实守信、敬业奉献、孝老爱亲“五类”优秀品德的事迹。2013年，开展道德讲堂活动12场；举办“百姓故事会”74场，包括“学习雷锋好榜样”“身边感人事”等，参与讲、听及讨论、评议的居民群众近5000人次。2014年，开展“四大主题活动”（在文化活动中传承红色思想、在文化研讨中丰富红色理论、在文化展示中搭建红色阵地、在文化作品中唱响主旋律），组织红色文化活动40余场。同年，组织开展“励志青春”“劳动光荣”等青少年思想道德建设实践活动16次。2015年，打造廉政文化街景150米。

2018年，芳草街街道开展“我们的节日”系列活动40余场、“百姓故事会”5场、道德讲堂活动12次。2019年，开展庆祝中华人民共和国成立70周年群众性主题宣讲、中共十九届四中全会精神宣讲等各类宣传宣讲近80场次，党员群众参与近2.5万人次。

沙子堰社区新时代文明实践站（2023年5月）　鲁勇摄

2021 年，芳草街街道开展道德讲堂活动 6 场、先进榜样学习进社区活动 3 场、道德模范与先进榜样事迹展览宣传活动 3 场。2023 年，开展道德模范、“身边好人事迹”巡讲巡演活动 8 场。

新时代文明实践平台

2019 年，芳草街街道新建新时代文明实践中心展厅、TED 路演厅，打造“芳草新时代文明实践中心”应用场景 1 个，通过数字化、智能化的方式宣传辖区精神文明建设成果。是年，共开展新时代文明实践主题活动 1300 余场，其中创新开展“水滴行动 · 爱聚芳草”等新时代文明实践微课堂 20 余场。2020 年，7 个社区新时代文明实践站及 14 个新时代文明实践基地的点位挂牌成立。同年，沙子堰社区新时代文明实践站获“成都市新时代文明实践示范点”称号。

2021 年，芳草街街道新时代文明实践所与高新区新时代文明实践中心融合共建，同时建成 7 个新时代文明实践站。沙子堰社区新时代文明实践站再次获评“成都市新时代文明实践示范点”。同年，以“一创一争优”文明创建活动为契机，开展市场环境建设宣传教育活动、民族团结进步文化体育活动等活动。

2022 年，打造志愿服务“1+7+N”品牌，以 1 个街道新时代文明实践所整合资源、联动 7 个社区文明实践站作为线下平台，下设 21 个实践基地；建立“3 中心 4 家园 5 场馆”（3 中心即党群中心、文化中心、卫生服务中心；4 家园即同心家园、青年之家、儿童之家、志愿者之家；5 场馆即 VR 红色视听馆、农耕体验馆、图书阅览馆、室内运动馆、文明传习剧场）调配使用机制，打造“15 分钟新时代文明实践服务圈”；整合蓓蕾社区散花书院、沙子堰社区“玉林青年生活 show 场”等在地资源，向社区群众提供理论宣讲、教卫文体、文化体育、科技双创、法律服务、统战群团等 10 类公共服务。全年开展文明实践服务活动 144 场、志愿服务活动 483 场，累计服务居民 16 万人次，实现群众“微心愿”240 余个。

2023 年，以芳草街街道新时代文明实践所为核心，开展“Funplus 蒲公英 +”文明实践营造计划及系列品牌项目和主题活动，辐射周边建成 41 个实践基地（点），组建 45 支志愿服务队伍，注册志愿者达 21922 人。街道新时代文明实践所获“四川省新时代文明实践示范所”称号。

小兰志愿者服务队

芳草街街道蓓蕾社区是一个典型的老年社区，60 岁以上的老年人约占社区总人数的五分之一。兰廷伍是辖区的一名下岗女工，下岗回家后，她主动承担社区空巢（残疾）老人的日常生活照料事务，为他们做身体护理、打扫清洁，陪他们散步、聊天。老人都称呼她为“小兰”，兰廷伍逐渐成为辖区的名人，“小兰志愿者服务队”也由此发起。它由 30 ~ 50 岁的女性下岗职工组成，兰廷伍担任队长，通过上门服务的方式，让居家养老的社区空巢、孤寡老人和残疾人日常生活有照顾、外出有人陪护、遇有突发情况有人应急。

2007 年，“小兰志愿者服务队”逐渐形成一个相对稳定的知名社区志愿服务组织，工作的覆盖面逐渐扩大，被评为成都市优秀志愿者组织；群众以四川车灯《帮老助残人人夸》和小品《小兰相亲》等形式对“小兰”们进行赞扬，推荐兰廷伍为成都市诚实守信道德模范；《成都日报》刊登“小兰在行动”服务队帮扶空巢老人的事迹，“小兰”成为辖区乃至成都部分地区的知名服务品牌。2009 年，“小兰志愿者服务队”因工商注册要求更名为“小兰服务社”。2011 年，小兰服务社日托所试运行。2014 年，小兰服务社在成都市委宣传部组织的“成都雷锋精神种子工程”中被评为巾帼学雷锋志愿服务队。

组织机构

芳草街街道党工委

1995 年 12 月 25 日，中共成都市武侯区芳草街街道工作委员会（简称成都武侯区芳草街街道党工委）经中共成都市武侯区委批准新建。1996 年 3 月 2 日，街道办事处机关党支部成立。同年 5 月 10 日，中共成都市武侯区芳草街街道工作委员会更名为中共成都高新技术产业开发区芳草街街道工作委员会（简称成都高新区芳草街街道党工委）。截至 2023 年，成都高新区芳草街街道党工委机构不变。

表 18　芳草街街道历任党工委书记名录

姓名	任职时间
宁国荣	1995 年 12 月至 1997 年 7 月
赵友新	1997 年 7 月至 2001 年 8 月
蒋天泉	2001 年 8 月至 2005 年 3 月
丁桓仁	2005 年 3 月至 2008 年 3 月
王　平	2008 年 3 月至 2018 年 5 月
张勇军	2018 年 5 月至 2020 年 8 月
王怀光	2020 年 8 月至 2023 年 10 月
	2023 年 10 月至 2023 年 12 月（兼）

表 19　2001—2023 年芳草街街道党员数量选年统计表

单位：人

年份	党员数量
2001	337
2009	1721
2011	2267
2012	2322
2013	2499
2015	2651
2017	2725
2023	6538

芳草街街道办事处

1995 年 6 月 4 日，成都市武侯区芳草街街道办事处筹备领导小组成立；12 月 25 日，成都市武侯区人民政府批准正式设立芳草街街道办事处，选址芳草街 8 号为筹备组工作地。1996 年 5 月 10 日，经成都市人民政府批准，芳草街街道办事处划归成都高新区管委会管辖，更名为成都高新技术产业开发区芳草街街道办事处。2010 年 4 月 26 日，街道办事处搬迁到神仙树西路 4 号，新办公大楼占地面积约 1800 平方米，总建筑面积 4600 平方米。截至 2023 年，街道办事处机构不变。

表 20　芳草街街道历任办事处主任名录

姓名	任职时间
蒋天泉	1996 年 1 月至 2001 年 8 月
樊喜越	2001 年 8 月至 2008 年 3 月
彭　涌	2008 年 3 月至 2013 年 10 月
邓换生	2013 年 11 月至 2020 年 3 月
伍文涛	2020 年 7 月至 2023 年 12 月

街道建设

自20世纪90年代以来，芳草街街道相继实施多项城市更新和改造项目，推进老旧小区改造及公共空间品质提升，形成了极具街道特色的“芳草八景”，火烧堰巷、紫杉路、玉林西路相继获评“成都市最美街道”，成为展示成都风貌的窗口。

城市更新

总体规划

2009年，芳草街街道以打造“活力都市社区”为定位，制定《芳草辖区城市更新策划方案》。2013年，制定旧城改造中长期规划，推进老旧居民社区、农迁小区更新改造，增加公共服务配套。2019年，按照“一年基本完成老成都休闲生活区（新能、蓓蕾、芳华）和背街小巷整治，两年基本完成现代都市生活区（紫荆、紫竹、元通、紫薇）背街小巷整治，三年基本完成全域老旧院落改造和背街小巷整治、主要节点打造、主要干道和区域边界品质提升”的建设进度，推进建设老成都休闲生活区和神仙树芳邻综合体片区，打造公园城市示范场景。2020年，以蓓蕾综合体为核心，结合周边老旧小区、特色街巷、桥下空间，打造“市井生活圈”；以芳邻综合体为核心，重点优化二环路“现代都市圈”；以丰收综合体为核心，构建三环路“产业社区圈”。

2021年，芳草街街道实施“一轴三片三核多点”区域发展计划，沿“美丽芳草产业发展轴”，实施差异化发展策略，一片区统筹推进一环路“市井生活圈”和玉林西路特色商业街区一体化运营，布局休闲、文娱等生活配套设施，构建特色文创综合体验场景；二片区以重塑大世界商业格局为思路，打造集商业、文旅、产业于一体的，以特色国际美食餐饮为配套的全方位、全龄段、全天候的城市商业新中心，并联动紫竹广场进行片区综合开发；三片区加强与高新区新经济的联动发展，以医美特色街区建设为契机，打造成都顶尖医美服务聚集地，发展医疗美容、康体修身、互联网+智慧家居等新经济业态，打造产城一体城市公共空间。2022年，针对紫荆重点片区，以全面建设公园城市为引领，打造绿色文明优美的老成都“市井生活圈”。同年，以文化、文创、文旅为主轴，继续打造玉林西路特色文化街区。2023年，推进公园城市示范区建设，片区更新涵盖沙子堰社区、蓓蕾社区、紫荆社区和紫薇社区。

市政建设

2008年，芳草街街道投入资金1350万元，打造“一场两路”，即紫荆电影城广场、玉林西路、紫杉路。2009年，进行“两横两纵”四条主干道（玉林西路、芳草街、神仙树北路、神仙树西路）人行道改造。2010年，实施蓓蕾社区公园式社区二期工程，逐步形成可供居民游玩、休憩、散步健身的区域空间。2013年，投入346万元对15个文明示范院落公共区域进行功能性改造；投入31万元对3个老旧院落及街面低洼点位污水管网进行升级改造，增设18道雨水沟。2022年，推进一环路“市井生活圈”芳草段建设，实施玉林北路、玉林中路16栋建筑外立面改造。2023年，推进11处老旧小区改造、4处公共空间提升及1处社区公共服务配套设施提升。

环卫整治

1995年以前，由于基础设施较差及居民卫生意识相对薄弱，芳草街街道地区脏、乱、差现象严重。1996年，街道办事处和爱国卫生委员会成立除“四害”、清扫、创卫等专项机构，开展卫生防疫、市容环境整治，环境卫生状况得到改善。是年3月，办事处、办事处清洁队、芳草街派出所被成都市人民政府评为爱国卫生先进单位。1998年，街道办事处率先在成都市实施生活垃圾袋装化，被成都高新区管委会表彰，获“实施生活垃圾袋装化工作先进单位”称号。1999年3月，街道办事处被成都市人民政府评为1997—1998年度成都市爱国卫生先进集体。

2000年4月，芳草街街道把根治火烧堰河段污染顽症作为城市管理重点，筹集资金350万元，启动火烧堰河段治污工程。2001年，被成都市人民政府评为爱国卫生十佳街道办事处。2002年2月26日，获成都市人民政府颁发的“2001年城市环境综合整治先进单位”称号。2004年，公开招聘120名环卫工人，对大街小巷实行全天候保洁。2007年，投资275万元，委托2家环保公司对53条街巷、6个转非院落进行环卫保洁和绿化管养。2008年，投入城市管理经费420余万元，创建文明城市专项整治示范街7条，先后在成都市组织的4次清洁城市活动中取得4个第一的成绩；迎接中央文明委创建测评检查35次，综合成绩名列前茅。

火烧堰改造前（2000 年）

火烧堰改造后（2017 年 11 月 9 日）

2009 年，芳草街街道投入 600 余万元开展路面清扫保洁、洒水降尘、垃圾清运等，清扫保洁、垃圾清运和无害化处理率达到 100%。同年，启动生活垃圾收运无缝对接试点，关闭原有 5 个垃圾中转房，增加 4 台 3 吨压缩车对居民院落垃圾进行直运。同年，获中共成都市委授予的“成都市创建全国文明城市工作先进集体”称号，以及成都市城市管理局授予的“成都市 2008 年度城市生活垃圾处理收费先进集体”称号。

2010 年，投入 130 余万元加大环卫、绿化管护；试点二环路以内生活垃圾收运无缝对接。同年，被推选为四川省城乡环境综合治理、全市背街小巷现场会参观点位之一，城乡环境综合治理工作经验在全省、全市推广。街道办被推选申报全省“五十百千”环境优美示范工程先进街道办事处，获成都市中心城区 2009 年度城市生活垃圾处理收费优秀单位表彰奖励。玉林西路、火烧堰、紫荆西路、紫杉路被评为成都市城乡环境综合治理环境优美示范街道。

2012 年，芳草街街道洒水降尘冲洗道路、人行道、路缘石及盲道 3940 车次。2013 年，洒水降尘冲洗道路、人行道、路缘石及盲道 2350 车次，清扫保洁率 100%。同年，征收生活垃圾处置费 408 万元，更换 220 个果屑箱。2014 年，蓓蕾社区探索社区环境自治组织全域参与环境综合整治新模式，成立社区环境综合治理自治组织。同年，街道被成都市人民政府授予“成都市 2011—2013 年度爱国卫生先进集体”称号，被成都市城乡环境综合治理工作领导小组授予“成都城市建设管理转型升级示范片区”称号。

2014—2015 年，芳草街街道连续两年被成都市城市管理局授予“成都市中心城区城市生活垃圾处理收费先进单位”称号。2015 年，按照“防尘、控尘、干净、整洁”的标准，划分 8 个网格区域，每周对主要道路进行不定时巡查。2016—2018 年，进行收（转）运生活、餐厨垃圾，征收生活垃圾处理费，其中 2016 年收（转）运生活、餐厨垃圾 4.3 万吨，征收生活垃圾处理费 407 万余元；2017 年，收（转）运生活、餐厨垃圾 3.54 万吨，征收生活垃圾处理费 430 万余元；2018 年，收（转）运生活、餐厨垃圾 4.06 万余吨。

紫荆社区“清洁屋”（2023 年）

2019 年，芳草街街道建立 1 个垃圾分类试点社区及 3 个垃圾分类试点小区。2019—2022 年，累计清扫道路 10.39 亿平方米，冲洗道路灰带、油渍污渍 5.14 亿平方米，清运生活垃圾 18.5 万吨、餐厨垃圾 0.86 万吨。2020 年，完成 208 个小区分类垃圾桶配置，建成固定分类集中投放点 50 个。

2021 年，芳草街街道实施“轻松驿站”智慧公厕建设，25 座社会厕所加入“厕所联盟”。2022 年，推进生活垃圾分类改革，创建达标小区 210 个、达标社区 7 个，建成大件垃圾集散点 1 个，新建箱体投放点位 360 个。利用机场高速南侧、神仙树高架西侧、铁路西环线东侧的空闲土地建设芳草小型静脉家园，实现厨余垃圾

“分布小型化”就地处置。2023 年，推进建设垃圾分类示范街道，建成投用“清洁屋”2 座。

老旧院落改造

20 世纪末至 21 世纪初，芳草街街道主要进行新院落建设。2009 年，进行原“630”厂宿舍区三期整治，基本解决环境脏乱问题。投入约 70 万元将新能、紫薇、紫竹、紫荆 4 个社区、7 个院落、15 栋楼进行屋面防水处理及楼道翻新。2010 年，投入 170 余万元实施居民院落环境综合改造，整治内容包括楼道粉刷、花台翻新、植物补栽、公告栏翻新、车棚及门卫室翻新等，建成芳华、蓓蕾、新能社区共 13 个示范院落。2011 年，针对部分老小区地下管网出现坍塌问题，投入 15 万余元，对芳草东街 1 号、神仙树公园、永丰路 3 号、玉林西路 31 号、芳草东街 53 号管网进行改造。2012 年，投入 352 万元打造 15 个文明示范院落，投入 75 万元改造芳草东街 39 号等院落污雨水管网，投入 14 万元实施新光路 60 号院围墙及拓宽工程，投入 16 万元实施紫竹、紫薇社区屋顶防水工程，投入 129 万元把一条“无名巷”改造成“玉芳苑”。

改造后的玉芳苑（2023 年 12 月）　鲁勇摄

2014 年，实施“蓓蕾示范片区”工程，新增地下停车场，面积约 2900 平方米，增加停车位 90 多个。是年，蓓蕾片区被评为城市建设管理转型升级示范片区；彩虹街 2 号院老旧院落改造完工并验收合格。2015 年，进行紫丁巷 1 号、3 号及玉林西路 4 号院弱电下地预埋管线工程，并通过验收。2020 年，投入 1470 万元进行一环路周边建筑、紫荆巷 56 号院、祥和园院落更新修缮工程、蓓蕾片区老旧院落（第一批）环境综合修缮工程。

表 21　2013—2023 年芳草街街道老旧院落改造选年情况表

年份	老旧院落改造		其中：自来水“一户一表”改造	
	院落数量（个）	投入资金（万元）	居民数量（户）	拨付资金（万元）
2013	15	—	—	—
2014	10	360	—	—
2015	8	1000	1600	451.8
2016	9	—	1699	359.4
2017	17	2250	1778	288.4
2018	2	1150	6641	577.4
2019	3	960	1500	209.8
2023	16	—	300	—

2021 年 10 月，位于芳草街街道沙子堰社区玉林西路的“玉芳苑”老旧院落改造全面完工。改造前的“玉芳苑”地处一环路和二环路之间，共有 6 栋建筑 18 个住宅单元，建筑面积约 1.4 万平方米，涉及住户 168 户，共 550 余人。这些住宅建筑大都建成于 20 世纪 90 年代，年代久远，外墙风貌污损斑驳，雨棚破损、外凸式护栏生锈杂乱，院落内平面布局不合理，常有停放的机动车堵塞出行通道，缺乏安防、停车充电等功能，给居民生活带来诸多不便。经过 7 个月的建设，原先院落建筑外立面陈旧的外凸式护栏、雨棚被统一拆除，重新安装拉闸式护栏和铝板雨棚。院落内的空间得到重新规划布局，共增加停车位 39 个。院落内原有的植物乔木得以保留，并新种植开花乔木。院落中杂乱的架空通信线路被统一置放于管道中，院落内的视野变得更加开阔。所有院落的燃气主管被更换，堵塞的雨污水管网也都被一一疏通。院落内还增加路灯、壁灯等照明设施，全面消除已发现的安全隐患。经过改造，“六加一”合并而成的“玉芳苑”焕然一新，原先的无名小巷巷口处新建川西民居风格的门头，和院落建筑风格形成一致，门头上写有“玉芳苑”三个金灿灿的大字。巷子两旁的墙壁上绘制着熊猫、玉林西路“小酒馆”、荷塘景色等多种多样的壁画，整条街巷显得十分清新而有活力，常常吸引到不少路过的行人、游客驻足拍照、打卡留念。

2022 年，芳草街街道投入约 2710 万元，实施紫竹北街 27 号院落修缮工程和蓓蕾片区第二批老旧院落环境综合修缮工程，实施芳草玉林、紫荆片区 16 个老旧小区改造及白玉巷 1 号、3 号院拆墙并院。同年，“玉芳苑”获成都市老旧小区改造项目“最美环境风貌奖”。2023 年，推进 54 个老旧小区改造，完成蓓蕾东巷 3 号、蓓蕾东巷 4 号、倍特科技苑等 7 个小区改造，完成老旧小区既有住宅 40 台电梯加装工程。

社区花园

2018 年，芳草街街道实施玉林西路片区 5 条背街小巷环境提升、火烧堰片区背街小巷更新及蓝草路环境风貌升级修缮工程；完成“芳华记忆”2900 平方米和紫竹南二街 1790 平方米小游园微绿地改造。2021 年，清除并改造神仙树北路 11 号院外一处绿地，以原有植物群落及生态林为基底，新增植物分区种植，采用效果好、环保经济的灌木带、植物组团围合空间，运用不同特性和不同颜色的乔木、灌木、草本植物，通过植物遮挡、虚实结合、主题涂鸦等方式，打造居民家门口的“微花园”。紫薇社区联合“成都爱生活家”打造社区生态院落营造项目“微花园”，在丽景花园实施“社区微更新——小微花园院落环境治理项目”。2022 年，将位于紫薇东路与神仙树南路交会处的一片基础设施老旧、绿化杂乱的城市空地改造为熊猫主

“院朵”社区花园（2023 年 5 月） 鲁勇摄

题小游园；改造翔宇苑后门闲置的绿化地，拆除年久失修的红砖墙，修建新墙和绿篱墙，铺设一条明黄色的人行步道，打造街角小花园。

2023 年 6 月，蓓蕾社区“院朵”社区花园改造完成，获得成都市 2023 年“最美社区花园”二等奖。截至 2023 年，芳草街街道共建成休闲绿地、游园 15 处，以及开放式公园 3 座。

最美街道

2017 年开始，成都市针对环境卫生、容貌秩序、各类设施、河渠水质等 8 个基本方面，以及街道宜居、宜业、宜游情况，每年举办两次“最美街道”评选。是年，芳草街街道对火烧堰沿线市容秩序进行集中整治，火烧堰巷被评为成都市 2017 年“最美街道”。2018 年，紫杉路被评为成都市“最美街道”。2019 年，开展玉林西路“最美街道”创建，实施市容秩序专项整治 15 次，清理商家乱堆乱放 200 余起、灯箱广告 50 余处、越门经营 100 余处、流动商贩占道经营 30 余起，整治乱停放共享单车 1000 余辆等违规行为。是年，玉林西路被评为成都市 2019 年“最美街道”。2020 年，开展“最美街道”创建工作，开展市容秩序专项整治 20 余次，清理商家乱堆乱放 150 余起，灯箱广告 50 余处，越门经营 150 余处，流动商

玉林西路小酒馆一侧（2023 年 5 月 25 日）

贩占道经营 50 余起，整治乱停放共享单车 2000 余辆等违规行为。2023 年，玉林西路创建为成都市“美丽街区”、2023 年度“美丽成都建设”优秀案例。

紫杉路步行街（2018 年 10 月 30 日）

“最美街道”火烧堰巷（2019 年）

最美社区

2019年，芳草街街道参与“高新八美”评选活动，新能、蓓蕾和元通社区分别获得6个“最美”奖项。2021年，在“爱成都·迎大运”社区共建共治共享行动中，蓓蕾社区获评“最美社区旅游线路和最美社区导游”。2023年，打造“院朵”社区花园，“院朵”社区花园由2018年启动的“社区农场”项目改造而成，位于蓓蕾西巷2号院与4号院之间。花园在原有的基础上，保留了高大的乔木，新建2座玻璃小屋，房顶选种四季常青的翠云草和蕨类植物，花朵与绿植生长在小屋周围，增加小径、汀步、台阶和休憩平台，居民可以在小屋里休息、喝茶。它链接“文创街区”，在玻璃回廊中引入展厅、“胶囊美术馆”、花房、自习室、“低碳空间”及“自然教育基地”等公益元素，与周边的中小学校、幼儿园、商家及院落居民经常互动，成为社区居民闹中取静的“文化空间”和“学习场所”。是年，获得成都市2023年“最美社区花园”称号。

芳草八景

筝灯月影

进入21世纪后，成都城市化建设快速发展，芳草街街道开始修建大量现代化住宅小区。2000年，神仙树南路、紫瑞北街一带，开始修建中海名城小区。作为小区配套设施，附近的荒地也被利用起来，用于修建神仙树公园，一些市民经常会在公园广场的空地放风筝，最开始是小孩，后来许多成年人、退休老人也纷纷加入进来。虽然没有举办过相关的民间赛事活动，但随着游玩、观赏的人越来越多，人们放风筝的热情也越来越高。夜幕降临时，各式各样的风筝和半空中高悬的明月一起，别具特色，“筝灯月影”成为辖区内一道独特的景观，就连路过的人也会经常不约而同地停下来驻足观望，静静感受着城市中这片难得的宁静。除放风筝，还有一些人甩陀螺，居民叫作“闷墩儿”“牛儿”，彼此之间还会进行竞赛，也格外有趣。“筝灯月影”一直持续十多年，后因航空管制，这一景观才逐渐消失，也成为芳草居民们的一段美好回忆。

紫杉钟塔

“紫杉钟塔”是芳草街街道的标志性景观，包含紫杉路步行街以及街口的欧式钟塔。紫杉路步行街位于紫薇社区，全长 247 米，宽 32 米，西起神仙树南路，东至紫荆南路，因辖区内街道多用植物花卉命名，紫杉与紫荆、紫丁、紫薇等同为植物，故而得名。

紫杉路北面为海派风格的上海花园，南侧为 90 年代修建的紫荆名园，东侧为神仙树南路以及神仙树公园，西侧为紫荆南路。紫杉路中心为约 2 米宽的绿化带，由于上海花园的修建，不同商家经营的店面装饰未能达到统一标准，加上部分商业设施的阻挡，整个紫杉路街道环境显得十分破旧、脏乱。为体现成都传统的街道空间和市民生活特色，2006 年 4 月，芳草街街道办事处协同成都高新区规划局对整个紫荆片区的街道环境、建筑设计进行改造，将紫杉路步行街的建筑从东向西分成临紫荆南路、街道中心的 7 层商住楼以及临近神仙树公园的 4 层商业综合楼，将建筑

2018 年 10 月，被评为成都市“最美街道”的芳草街街道紫杉路步行街

立面改造为海派风，根据建筑功能不同，分成住宅和商业两个部分，和上海花园的建筑风格形成协调统一。其中住宅主体部分为砖红色涂料，在原有的空调板上加以装饰性铁花栏杆，增加立面的层次感；对杂乱的商铺店面进行统一拆除，外侧加设高2层的廊架、檐口、柱头，柱础为白色花岗石线脚，柱身为砖红色面砖，上部设有壁灯，柱子之间以欧式铁花图案连接，整个柱廊的风格在古典中蕴含现代元素，欧式中带有海派风情，不仅丰富了街道空间层次，还将街道两侧的建筑融为一体。柱廊在建筑与建筑之间通过门楼连接，取消顶部檐廊，形成景观柱廊。

钟塔临近神仙树公园的入口处，高约14米，分成两个部分、四个层次。其中，下面两层与檐廊风格一致，为白色线脚、红色柱身的欧式风格，上面层次则以钢化玻璃为主。钟塔中部的电子显示屏带来现代商业生活气息，响起的钟声则通过复古的方式还原老芳草、老成都的生活场景，钟塔自下而上层层收分变化，两旁的建筑立面以现代欧式风格为主，整体呈现一种中西合璧、新旧融合的风格。步行街街道景观由1条水流、2个景观构筑物、3个节点广场、5处滨水休闲平台以及数个景观小品等组成。街道内部曲折变化的水面贯穿整个街区，串联不同景观节点，水中设计建有喷泉和喷雾设施。

2006年10月，紫杉路改造工程正式开工，建设规模为3282平方米，地下车位113个。同年12月，工程主体建造完成，投资800万元。2008年1月，紫杉路景观工程开工建设，面积8800平方米。同年5月，景观工程完工并投入使用，投资700万元。

2008年5月，改造完成的紫杉路，整体面貌焕然一新。充满欧洲中世纪韵味的钟塔矗立其间，带有异域风情的咖啡馆、音乐酒吧、主题餐厅，以及四川风味的麻辣火锅、具有浓郁川西文化特色的老式茶馆相互交织，分立街道两侧。街道中部建有一个小型广场，广场上碉楼式的建筑上写着“紫杉路步行街”几个大字，步行街上有可供游人休息的座椅。整条街道箱柜、亭筒设置规范有序，店铺广告招牌风格统一。围绕辖区居民及游客对户外公共空间的需求，紫杉路步行街在街面室外家具的布置、喷泉水景的运用以及栽植选择方面还将成都本土化元素融入其中，使得紫杉路既时尚又具老成都特色，辖区许多重要的活动都会在步行街附近举办。2018年，紫杉路步行街被评为成都“最美街道”。

紫竹渔篓

20世纪80年代以前，辖区紫荆东路一带多为农田，因靠近肖家河的分流，河水清澈，河内生有大量鱼类，这一带的居民因此有着长期农耕捕鱼的传统。2000年11月，紫竹广场建成，位于紫荆东路55号，广场中央矗立着一处巨大、显眼的渔篓雕塑，雕塑由3个小渔篓自下而上重叠组成，除渔篓雕塑外，广场各处还建有撮箕、渔网等捕鱼工具的雕塑，代表着紫竹社区居民对过往生活的一种怀念。自建成后，广场成为附近居民重要的休闲、活动场所。

位于紫荆东路55号的紫竹广场（2023年12月）　鲁勇摄

神树千年

神仙树一带是芳草街街道中最具历史感的地方。被称为“神仙树”的原因有多种说法，被当地人普遍认可的一种说法是在清朝年间，曾有一位算命先生路过，因他的预言十分灵验，当地农民奉其为“神仙”，不仅对其尊崇有加，还一同集资为其修建房子，算命先生也因此在神仙树居住下来。多年以后，算命先生过世，他所居住的房子也逐渐荒废。又过去数十年，附近的居民突然发现，原先早已荒废的算命先生家中，竟然长出一棵麻柳树，这棵麻柳树的样子十分奇特，不仅有七株树根连成一体，中间的树干部分还是空的。村民认为这棵麻柳树便是之前的算命先生所化而成，便称其为“神仙树”。每逢下雨时，树洞中会盛满清水，附近许多居民还会专门取水来饮用，以求获得神仙保佑，能够健康长寿。渐渐地，这棵麻柳树的名气越来越大，不少周边地区的善男信女也都专程赶来，为树披上红布条，供奉香火祭拜，“神仙树”这一称呼也广为人知。

2001年，在修建神仙树公园时，芳草街街道选取一棵七枝树根相连的小叶榕作为“神仙树”的代表，这也足以证明“神仙树”在芳草居民心中的重要性。可惜

神仙树公园（2023 年 5 月） 鲁勇摄

的是，这棵十分漂亮的小叶榕在 2015 年不知因何原因未能存活。公园管理人员随后又在同一位置补栽一棵大叶榕，将“神树千年”的传说延续下去。

曲径通幽

如同唐代诗人常建所描写的诗句“曲径通幽处，禅房花木深”一样，位于辖区原元通社区的元通一巷便是这样一处幽远僻静的小道。这条长 160 米、宽 5 米的小路紧临肖家河支流，道路两旁栽有各类乔木 33 棵。气候炎热之际，每当从这里经过，都能感到阵阵清凉。元通巷附近的植被景观是在 90 年代中后期，芳草街街道进行城市化建设期间建成的，这样以自然植被为主的景观在现代化城市中并不多见，因此也成为附近居民日常休闲的主要去处。

元通一巷（2024 年 9 月）

翠廊芳亭

“翠廊芳亭”指的是位于蓓蕾社区火烧堰巷的碧翠廊。20 世纪六七十年代，因火烧堰附近有羊叉河从沙子堰自南流过，修筑堰塘的石头呈暗红色，好似火烧一般，故而得名。火烧堰处为一个堰塘，筑有水闸门，常有附近居民在河道中钓鱼、

翠廊芳亭（2023 年 5 月） 鲁勇摄

游泳。90年代，随着城市建设加快，上游长期排放废水，自然环境遭受严重污染，火烧堰河道一度沦为污水沟，蚊蝇滋生、臭气熏天，附近居民无不怨声载道。

2009年6月，芳草街街道办事处投资200余万元，启动火烧堰河道整治工程，是年12月竣工，完工后的火烧堰树木成荫，亭阁掩映，周边水环境得到显著改善，在华姿路入口处，挂有芳草居民、著名书法篆刻大师汪木即题写的“火烧堰·碧翠廊”牌匾，巷子里的3座古典门廊分别署名“芳华”“芳草”“蓓蕾”，道路两旁置有“文化墙”，墙面展示的诗词、书画、摄影作品均为居民创作。3座门廊之间由休闲长廊相连，长廊两旁摆放有座椅，可供居民乘凉休憩。重新改造的“翠廊芳亭”不仅环境幽雅，还处处透出文艺气息，受到辖区居民的一致称赞。

延伸阅读

火烧堰环境整治记石刻

秦李冰治水，天府始得安稳。清康乾移民，蜀地再次复兴；先民筑堰修渠，自流灌溉，世代农耕。羊叉河由北经洗面桥、沙子堰向南而来，河水清澈见底，河床铺满细沙，河中鱼虾游弋，两岸风和草绿，因筑堰石头呈暗红色，似火烧过，故名火烧堰。

公元二十世纪九十年代，城市建设，突飞猛进，然由于上游长期排放废水，自然环境遭受污染，火烧堰河道沦为污水沟，蚊蝇孳生、臭味熏人，周边居民，怨声载道。虽几经小规模治理，旧貌仍未彻底改观。2009年6月，按照成都高新区城乡环境综合整治的要求，坚持“科学、效率、实惠”的治水思路，芳草街街道办事处投资200余万元，全面启动火烧堰河道整治工程。同年12月，整治工程顺利完工，东起玉林中路，西至芳草街，全长538米，树木成荫，修竹翠绿，曲径通幽，亭阁掩映，百花点缀，四季飘香，取名“碧翠廊”。优美环境，居民称颂。

谨此，刻石为记。

成都高新区芳草街街道办事处

2009年12月

牌门春潮

20世纪90年代，沙子堰、玉林西路一带还是大片农田，随着芳草街街道城市化建设的开展，这一带的农田相继被改建成住宅楼，位于沙子堰东巷入口处的标志性建筑便是在这一时期修建的，这一建筑外形酷似牌坊的门框，由两根立柱和两根横梁组成，造型古朴，被附近居民称为“牌门”。在之后的岁月里，沙子堰牌门默默见证了沙子堰一带的发展和转变，沙子堰、玉林西路一带的文艺气息就如春潮一般汹涌连绵，成为芳草街街道的一张名片。

牌门春潮（2023 年 12 月）　　鲁勇摄

碑高地阔

芳草街街道创瑞街 10 号院内有一块高高的石碑，碑面上刻着“群众最满意的民生工程”。芳草社区卫生服务中心是一所公益性社区卫生服务机构，是辖区内最主要的医疗服务机构，修建于 90 年代末期，最初的地址位于蓓蕾社区火烧堰附近，

位于创瑞街 10 号的芳草社区卫生服务中心石碑（2018 年）

后搬至创瑞街10号。2011年，芳草社区卫生服务中心被评为“群众最满意的民生工程”，中心入口处相应建立了一座纪念碑。

自成立以来，芳草社区卫生服务中心先后被评为四川省示范社区卫生服务中心、全国示范社区卫生服务中心、成都市首批AAAAA级预防接种门诊、成都市示范中医馆、全国优秀家庭医生团队、高新区群众最满意的民生工程。“碑高地阔”不仅承载着芳草居民的心声，也为辖区留下一处特别的人文景观。

文艺芳草

20世纪90年代，芳草街街道的沙子堰片区吸引来一批艺术家定居生活，一批酒吧应运而生，成为艺术家固定的聚会场所。21世纪初，沙子堰艺术群落的影响力与日俱增，“小酒馆”成为成都地下摇滚圣地，“白夜”成为当代诗歌的文化地标。同期，千高原艺术空间、K空间、岁月艺术馆等艺术空间陆续成立。2002年开始，沙子堰的艺术家们相继离开，玉林西路一带生意转淡，直至2017年赵雷的《成都》唱响全国，玉林西路才重新恢复活力。

芳草艺术街区

芳草街街道的沙子堰原为修建于清朝年间的一处河坝，因羊叉河由北向南，自衣冠庙流经芳草街街道地区，河水清澈见底，河床铺满细沙，故而得名。20 世纪 90 年代的沙子堰，在国内当代艺术长河中，是一处重要的聚集之地。

20 世纪 90 年代初，沙子堰集中修建一批政府单位与企业配套的家属楼，有一些大户型的房间，这些“大板房”带有大客厅，正好适合画家用作画室。何多苓、周春芽等人经由朋友介绍，在沙子堰买房定居。随后，一些同样毕业于四川美术学院的画家也都陆续以买或租的方式入驻沙子堰。

天府早报

文娱在线

成都有个画家村

沙子堰的画家居民

画家的生活

这个村通向世界

1999 年 8 月 9 日，《天府早报》以“成都有个画家村”为题，整版报道沙子堰的艺术家们

1995 年，芳草街街道办事处成立，当时的沙子堰的城市化建设还处于起步阶段，一些房屋对面就是成片的农田，玉林西路也只有 3 条街巷，简单而安静的生活环境为这些初来乍到的画家提供了理想的创作空间。

这些画家中，很多人都有在国外留学或者生活的经历，对于他们而言，酒吧是日常生活中不可或缺的社交空间。20 世纪 90 年代末，在沙子堰、玉林西路的街头，一批酒吧应运而生，成为画家、建筑师、雕塑家以及收藏家的定点聚会场所，其中唐蕾的“小酒馆”和翟永明的“白夜”最为热闹。“小酒馆”和“白夜”的诞生，自店名到店内设计，很多都是出自这些艺术家之手，富含浓郁的艺术气息。如“小酒馆”logo中那只略显怪异的手，灵感来自电影《亚当斯的一家》；“白夜”最初的logo则是一位著名摄影师为巴希利科夫拍摄的肖像，“白夜”的名字也取材于巴希利科夫主演的电影《白夜逃亡》。

因老板翟永明的诗人身份，诗歌便成为“白夜”最重要的一个标签。“白夜”开业后举办的首次活动便是中国当代著名诗人钟鸣的作品签售会，同时在室外举办著名雕塑家朱成的一场户外雕塑展，吸引很多路人围观，让附近的居民对沙子堰的艺术家有了更深的了解。1999年，白夜成立了“白夜影会”，持续放映及主持国内外文艺片的讨论及传播，一度让白夜成为电影爱好者的聚集地。

玉林西路另一侧的“小酒馆”因经营者唐蕾开始支持一些年轻的摇滚歌手在店内演唱原创作品，随之吸引大量摇滚歌手和歌迷前往。音乐开始代替绘画，逐渐成为“小酒馆”的标签。

21世纪初，沙子堰艺术群落的影响力与日俱增,“小酒馆”成为成都地下摇滚“圣地”；“白夜”成为当代诗歌的文化地标，被一些诗人誉为“当代的杜甫草堂”，间接

玉林西路（2024年4月） 鲁勇摄

促成《中国当代艺术史：1990—1999》以及国内当代艺术首家民营美术馆的诞生。

2002年后，原本居住在沙子堰的艺术家，经过十余年沉淀，许多都已在各自的领域取得不俗的成就。而沙子堰一带城市化建设日新月异，纷杂的环境也已不再适合艺术创作，他们开始陆续搬到房间更大、租金更低廉的蓝顶艺术区。沙子堰、玉林西路一带的酒吧生意开始转淡，一些酒吧难以维持经营，只能将店铺转让，“小酒馆”和“白夜”也先后将经营重点转到别处。曾经的沙子堰艺术群落，画下一个短暂的句号。

2017年，赵雷的一首《成都》唱响全国，“小酒馆”又再次成为各地游客的打卡胜地，天南地北的游客重新为玉林西路注入活力，“白夜”也从宽窄巷子回归，2021年，芳华街上建起“白夜花神・诗空间”。到2023年，沙子堰周边汇聚众多新兴酒吧、餐饮店、网红店，曾经沉积在沙子堰一带的艺术气息逐渐与市井生活相互交融，成为芳草街街道鲜明的文化烙印。

艺术家与芳草地

何多苓在沙子堰的十年

何多苓，中国当代抒情现实主义油画画家，1948年出生于成都。1977年考入四川美术学院油画系，1979年进入绘画系油画专业研究班。20世纪80年代初，以《春风已经苏醒》《青春》等作品享誉国内，成为“伤痕美术”的代表人物。

1993年，何多苓结束赴美艺术交流。回到家乡成都后，在当时地处城市边缘的沙子堰东巷买下两套可自由隔断的“大板房”，用来居住和进行艺术创作。经过他的一番推荐，一些艺术圈子里的朋友相继前来，或买或租，沙子堰不经意间成为成都甚至是全国最早的艺术区。

20世纪90年代末，沙子堰、玉林西路一带的酒吧先后开张营业，何多苓与当地的艺术家有了固定的交流聚集场所，大家时常聚在一起交流创作见解、分享艺术灵感。通过与建筑师朋友的交流与合作，他渐渐对建筑产生浓厚的兴趣，开始在作品中使用一些抽象的建筑符号，《迷楼》《庭院方案》等带有明显转型风格的作品，便是在这一时期创作完成的。

在沙子堰、玉林西路一带的酒吧中，“白夜”酒吧与何多苓渊源最深。每年圣诞节，他都会买几罐彩色喷剂，在酒吧的玻璃窗上喷绘一些圣诞漫画，有时是圣诞老人乘坐着驯鹿拉的雪橇，有时是圣诞老人背着大口袋分发礼物。这些圣诞喷绘很快成为“白夜”酒吧的圣诞标志，时常吸引附近的居民驻足观赏。

大学时代，何多苓和唐雯经常一起二重唱。在“白夜”灯火阑珊、顾客稀少时，他们也时时唱起老歌，怀旧下酒。朋友戏称之为“何唐月色”组合。

何多苓于1993—2003年在沙子堰生活了10年，作为国内当代艺术家的代表人物之一，他对沙子堰艺术区的形成有着重要的影响，10年间，国内一大批热爱当代艺术的人接踵而至，相继参与到当代艺术产业的建设中，为沙子堰、玉林西路一带刻下深刻的文化、艺术烙印。

2003年，何多苓搬离沙子堰，将工作室迁到蓝顶艺术区。随着一些艺术家的离开以及附近各种商业网点日趋完善，第三产业蓬勃发展，许多沙子堰的房子被商家租来做员工宿舍，沙子堰艺术区开始慢慢消失。

张晓刚的《大家庭》

张晓刚，1958年生于昆明，1982年毕业于四川美术学院油画系。从20世纪90年代中期开始，张晓刚运用近现代中国流行艺术的风格表现革命时代的脸谱化肖像，传达出具有时代意义的集体心理记忆与情绪。其作品相继被美国新美术馆、旧金山现代美术馆、纽约MOMA当代艺术馆、英国泰特当代美术馆、法国蓬皮杜艺术中心、澳洲新南威尔士美术馆、日本福冈美术馆等国内外重要机构及个人收藏，多部作品被写入多国版本的世界当代艺术史中，以其独特的绘画语言成为英、美等国美术教科书的范本之一。

《血缘—大家庭》系列是张晓刚奠定个人风格的成名之作。其中，《血缘—大家庭1号》《血缘—大家庭2号》《血缘—大家庭3号》《血缘—大家庭：全家福4号》《血缘—大家庭：全家福》等多幅在日后拍卖出千万元的“大家庭”系列作品，大多是其在沙子堰这个艺术“大家庭”中创作完成的。

1994 年，张晓刚以家族旧照片作为蓝本，创作完成 4 幅“大家庭”组画，并参加“第二十二届圣保罗双年展”。1995 年，张晓刚向四川美术学院提出申请，只保留公职，来到成都定居成为职业艺术家。当时，好友何多苓、周春芽已经在沙子堰定居，张晓刚也自然而然地移居沙子堰东巷 5 号，和他们成为邻居。1996 年，张晓刚彻底完成“大家庭”系列作品创作。

张晓刚及其“大家庭”组画作品　　张晓刚提供

在沙子堰定居一年之后，张晓刚利用自己的人脉，介绍身边越来越多的人来到成都，为能有一个让大家方便交流的固定场所，他和唐蕾一起花 10 万元从朋友手里接下一个酒吧，亲自设计内部结构。这家位于玉林西路 55 号的酒吧便是“小酒馆”。当时，几乎每天晚上，张晓刚和朋友都会聚在“小酒馆”。随后，他在四川美术学院的一些学生也先后来到沙子堰定居，再加上其他艺术家和收藏家，沙子堰一带逐渐形成一个带有艺术氛围的圈子，此处既是张晓刚等人的艺术“大家庭”，也成为成都最早艺术群落的雏形。

其时的成都，正值城市化发展的起步阶段，和北京相比，在艺术交流方面的信息有所滞后，画家能得到的机会也相对较少。在数次参加国内外的展览后，张晓刚向自己认识的两个成都记者介绍沙子堰的情况，还介绍西方的巴比松画派、蒙马特以及东村、苏荷等国内外的著名艺术区，希望沙子堰也能成为国内的艺术区，艺术家都能在这个艺术的“大家庭”中进行自由的创作。记者觉得十分有意思，便在报纸上报道沙子堰的现代艺术，一时之间，沙子堰艺术区开始为人所知晓，成为当代艺术的“桃花源”。

20世纪90年代末，“白夜”酒吧在玉林西路85号开业，沙子堰一带不再只有画家，许多诗人、音乐人，还有国内外的画廊主、评论家都成为沙子堰的常客，一些散落在外地的艺术家也纷纷朝沙子堰聚集而来。在张晓刚等人的带动下，沙子堰逐渐成为成都的一张文化名片，与北京的东村、宋庄等当时国内为数不多的艺术区一起成为早期当代艺术的摇篮。

1995—1999年，张晓刚在芳草街街道沙子堰一共生活4年，他帮助许多年轻艺术家在沙子堰找到属于自己的创作空间。他的“大家庭”系列在沙子堰厚积而薄发，沙子堰也在这段时间内，逐渐成为当代艺术家的“大家庭”。

翟永明的“白夜”生活

翟永明，1955年生于成都，中国当代著名女诗人。1980年毕业于成都电子科技大学。20世纪80年代，开始发表诗歌作品，以组诗《女人》震撼文坛。

1998年，翟永明路过玉林西路，在一家未开门的服装店门上看到张贴着一则招租广告，从此与芳草结缘。作家的作品与创作时的思想、观念有着不可分割的联系，翟永明的作品亦是如此，“白夜”酒吧的经营经历也为翟永明带来大量的写作

1998年的老白夜　　翟永明提供

灵感。《坚韧的破碎之花》《终于使我周转不灵》《纽约、纽约以西》相继发表并出版。她的这些作品较之以前的作品有一些变化，语言更加通俗，诗风愈发硬朗。

2007—2013年，翟永明先后获“中坤国际诗歌奖”A奖、“中国十佳女诗人”、“意大利‘Ceppo Pistoia国际文学奖’”以及第十三届华语文学传媒大奖“杰出作家奖”。在成都提到诗歌，就会提到翟永明；提到翟永明，就会提到她所经营的“白夜”酒吧。翟永明通过“白夜”酒吧策划了一系列文学、艺术、民间影像活动，使“白夜”酒吧很快成为成都乃至全国知名的艺术场所。

在2013年的最后一天，“白夜”酒吧因房租协议到期无法续签而中断经营，翟永明也暂别玉林西路。对她而言，“白夜”已经成为一种情结，她以“白夜”为题材，先后出版随笔集《白夜谭》和《以白夜为坐标》和拍摄了纪录片《白夜往事》。

阿来的芳草生活

阿来，中国当代作家，1959年7月生于马尔康，第五届茅盾文学奖获得者，先后担任第十四届全国政协委员、民族和宗教委员会委员、四川省作家协会主席、中国作家协会副主席、中国作家协会少数民族文学委员会主任等职务。

1996年，阿来从阿坝州到成都工作生活，就职于芳草街街道辖区的《科幻世界》杂志社。2000年，作者刘慈欣的原著小说《流浪地球》在《科幻世界》杂志上首次发表，当时担任《科幻世界》杂志主编的正是阿来。随后，以成都作为首发地，刘慈欣的《三体》《流浪地球》等一大批优秀科幻小说走向全国、走向世界。

阿来定居芳草街街道后，相继创作长篇小说《格萨尔王》《空山》系列，散文集《语自在》，中篇小说《蘑菇圈》等优秀作品。其中，《格萨尔王》通过讲述藏族传说中的格萨尔王从作为天神之子降生人世，到降妖伏魔、安定三界，最终返归天界的故事，展示藏民族的文化精髓。《空山（三部曲）》系列由《空山1》《空山2》和《空山3》组成，《空山1》包含《随风飘散》和《天火》，《空山2》包含《达瑟与达戈》和《荒芜》，《空山3》包含《轻雷》和《空山》。《空山》讲述随着旅游业大举挺进机村，昔日的机村面临着自然生态与传统价值崩溃的危机，即将成为真正意义上的空山。《轻雷》与《空山》的故事虽然没有现实原型，基本为虚构而成，但作品提出的现实问题却值得人们深思。这些作品和《尘埃落定》一样，也成为阿来的代表作。

在成都定居的二十多年里，阿来除被成都慢节奏的生活、深厚的历史人文所吸引外，还对成都多种多样的植物、花卉产生浓厚的兴趣。他将芳草街街道甚至成都各地的主要观赏植物都拍了一遍，也都写了一遍，这组文章命名为《成都物候记》，加上他自己拍摄的照片，陆续发在网络博客上，得到众多网友的关注。

从《尘埃落定》到《格萨尔王》，从《空山（三部曲）》到《成都物候记》，阿来不仅在用一种独特的视角，记录、观察着自己生活和工作的地方，更是在用自己的方式表达着对成都的热爱。

艺术空间

千高原艺术空间

2007 年 7 月，千高原艺术空间在芳沁街 87 号正式成立，名称源自法国哲学家德勒兹的名言“每个人都是自己世界中的高原”。千高原艺术空间是集展览、发布、演讲交流、公共艺术教育等功能于一体的公共文化艺术平台，总建筑面积约 1000 平方米，拥有 3 个国际化标准展厅、影像资料收藏放映室和完备开放的网络文献库。千高原艺术空间通过展览、博览会、学术讨论、出版等方式，帮助艺术家和社会、机构、收藏者之间搭建沟通渠道，自成立之后，相继举办了一系列具有影响力的艺术活动。

2009 年，千高原艺术空间协同成都市人民政府举办“成都文艺之家”。与法国大使馆及驻成都总领事馆合作举办“2009 中法文化交流之春”，其中的项目“春之祭”被文化部推荐代表中国参加在瑞士举办的中国文化节。

2010 年 3 月，千高原艺术空间举办“师进滇——雕塑与绘画展”，展出雕塑作品《北京 JEEP，No.3》《长江 750，No.5》《圣桑的天鹅》《出世 No.1》《出世 No.2》、装置作品《时空树林》和部分抽象绘画作品。举办“2010 德国闪电电影节”“逆行——何工个展”“视觉与观念当代艺术与文化政治学术研讨会”“意大利策展人莫妮卡——德玛黛关于 PRIVATE 国际摄影杂志专题演讲（讲座 / 沙龙）”等艺术活动。2023 年 11 月 9—12 日，千高原艺术空间参加上海廿一当代艺术博览会，呈现 14 位艺术家的作品。

千高原艺术空间自成立以来，已逐渐成为西南地区中国当代艺术画廊代表，不仅参与和见证西南地区的艺术变迁，自身也成为构建西南艺术史的一部分。

K 空间

创办于 1994 年，原名西部画廊。位于芳沁街 47 号附 3~4 号，2007 年 1 月 19 日开业。K 空间作为当代艺术服务平台，经营范围主要包括当代油画、新媒体、版画、雕塑和国画等。

K 空间开业后的首次展览是由沙子堰艺术家吕澎策划的“2007 新西南当代绘画展”，展出张晓刚、周春芽、何多苓等 15 位当代国内顶尖艺术家的作品，画展开幕时，这些参展艺术家和众多国内知名艺术家一一到场，中央电视台有关栏目也到场进行拍摄。

2008 年 7 月，画展“另一种实验——当代新抽象”开展，通过展出《作品 06-1》《无题》《字相》《还是谁》等抽象绘画作品，让观众切实体会到抽象艺术对于感知

K 空间（2024 年 4 月） 鲁勇摄

世界的真实表达与追述。12 月，K 空间举办“物墨”当代艺术展。经过中国当代艺术家的创新，将水墨画从中国传统的绘画形式，演变和革新为更具现代气息和创意的绘画，从而拉近艺术与普通大众之间的距离。

2023 年，K 空间举办“冬天的走廊”新作展，这次展览是当代艺术家毛旭辉在西南地区的首次个展，如同艺术家本人的一次自我剖析，带有较强烈的自传意味。展出的作品特别呈现对于曾经遗失作品的再创作，由新的作品和对过往作品的再创作，组成完整的展览，让观众能够一路感受艺术家的艺术生涯。

幻 Photism

幻 Photism，也叫“幻社”，位于华姿路 28 号，是一家以摄影书籍、作品、展览、活动为载体，向公众普及和推广影像艺术与摄影文化，为摄影文化爱好者和青年影像文化创作者提供自由学习空间以及多元互动场域的艺术公共空间，于 2022 年成立。

Photism 原意为光幻觉，代表着一种以影像为主的自我意识投射，将 Photism 翻译为中文，便称为“幻社”。幻 Photism 的装修风格以黑色为主，白色为辅，屋外是白色墙壁搭配透明玻璃，屋内在原有空间布局的基础上进行装修。内部主要划分为展览区、书籍区、艺术品会谈区和放映区。店内主要根据摄影师的风格和出版年代进行购书分类，以日本摄影书和国内摄影理论书目居多，拍摄种类风格可大致分为自然类、人文类、艺术类、商业类、文献类等。

和一般的画廊、艺术空间不同，幻 Photism 既是展览厅，也是售卖饮品的书店。不仅举办艺术家的作品展，也会帮助、支持一些青年摄影爱好者，为其提供展示作品的平台，借此让更多的人走近并了解影像艺术与摄影文化。

岁月艺术馆

成立于 2011 年 9 月，原位于锦江三色路，是四川本土画廊。2021 年，迁入芳草街街道辖区，新址位于芳草西二街 19 号处的一幢 20 世纪 80 年代的老旧写字楼。岁月艺术馆在老旧写字楼的基础上进行改造，原展厅由 1500 平方米精简至 400 平方米，整体建筑采用了众多与竹子相关的元素，和竹子破土而生的寓意一样，代表着新的艺术空间从旧的建筑中重获新生。

岁月艺术馆的入口是一个完整的纯白色方形建筑，白色立面覆盖原有基础建筑8%，形成厚重且利落的体块，保留原先的罗马柱，透露出岁月的质感。门厅入口向外望去如同城市缩影的框景，向内探索则是艺术橱窗，凸显空间文化交流媒介的功能。由一层走向三层的通道形似竹茎一般间断相续，自下而上展现出不同的空间功能，一层作为橱窗艺术展示，二层设置成阶梯式艺术展厅，三层则是装置艺术展厅。在楼梯二层中段的暗处，留有一处方形的洞口，光影从中透过，和其他照有灯光的区域相结合，冷暖交错，富含艺术气息。

主展厅的地面铺有木色地板，白色长椅并列排放，全都以竖向排列的方式与竹茎的构造保持一致，既展现出艺术空间的专业氛围，也为平日严肃的展馆带来驻留时与人互动体验的一些暖意。馆长办公室还可作为收藏展厅、VIP 接待区、茶室等多功能重叠的空间，室内有处类似竹片形状的屏风，当阳光透过屏风映射入室内，在绿色玻璃的映照下，又会为室内带来竹子般青绿的色调，构建出场域朦胧古朴又静穆的氛围。

2021 年，岁月艺术馆新馆开幕的首场展览“和为贵 · 刘德扬师生中国画展”，以“和”为题，展出艺术家刘德扬及 6 位学生的花鸟绘画作品，受到许多观众的好评。重新改造后的岁月艺术馆迅速融进社区之中，在如同竹节一般破土新生的同时，也将芳草街街道浓厚的艺术文化基因承接下来。2023 年，岁月艺术馆在由英国知名设计媒体《世界室内新闻》杂志所主办的“WIN AWARDS 2023”中获博物馆与画廊类别铜奖。

酒吧文化

酒吧街

20 世纪 90 年代末至 21 世纪初，“小酒馆”和“白夜”在“老酒吧”附近相继落脚，成都酒吧文化的源头自此汇集而成，一些大大小小的酒吧相继开业，其中较为知名有“半打”和“坐标”酒吧。这些酒吧与“小酒馆”“白夜”“老酒吧”共同支撑起玉林西路的酒吧文化，同时也为这条街道注入独有的文化基因。同时，因杨晓辉摇滚歌手的身份，“老酒吧”吸引着全国各地的乐队、歌手前来；隔壁的“白夜”凭着诗人翟永明，加上附近又是出版集团的宿舍，使得不少诗人、文人、编辑走入其中；“小酒馆”因唐蕾和张晓刚的关系，很多画家、建筑师时常来此，便成为艺术家的“会客厅”。这些音乐人、艺术家、文人，还有杂志编辑和一些港商、收藏家，与酒吧文化迅速融为一体。一时之间，整条玉林西路也随之热闹起来。

酒吧和艺术天然相关。巧合的是，这三家酒吧的主人不仅年纪相仿，而且都是女性。1998 年，成都《一周新闻周刊》便以《三个女人一条街》为题，描绘玉林西路的酒吧文化。音乐、诗文、绘画设计，三座酒吧，三位女掌门人，三类不同的“粉丝”群体，让她们在当时撑起玉林西路的酒吧文化，杨晓辉和“老酒吧”也成为“三个女人一条街”的开山鼻祖。这一文化现象一直持续到 2010 年。

2010 年后，“三个女人一条街”从热闹趋于平淡，其中的原因大致可以归结为外部、内部两个方面。在外部环境方面，成都城市规划发生重大改变，城市产业结构从以往单一的“大基建”转为多个领域共同发展。在各个城市区域，不断涌现出大大小小的商业社区和酒吧，更新的时尚、娱乐方式吸引着有消费能力的年轻人。而在芳草街街道内部，许多社区显得老旧，原先支撑起玉林西路酒吧文化的群体，很多人已经成为国内外知名的艺术家，拥有更好的经济条件，便将居住地、工作室搬迁到其他新的社区。“白夜”在 2008 年就迁移到宽窄巷子，“小酒馆”的经营重点和商业演出也早已转至芳沁店。种种因素之下，玉林西路开始慢慢萧条起来，失去往日的光辉。

2017 年 2 月 4 日，歌手赵雷在湖南卫视综艺节目《我是歌手》第五季上演唱了一首《成都》并迅速走红。因歌词中唱到“走到玉林路的尽头，坐在小酒馆的门口”，“玉林路”一带开始为全国人民所关注。随后，在大量相关媒体的报道中，许多人才发现，原来这里一直有着如此深厚的艺术基础。7 年之后，玉林西路的酒吧文化再一次因艺术而重新火爆。“小酒馆”“老酒吧”这些原本与之密切相关的场所，一时之间成为众多年轻人的网红打卡地。至 2023 年，仍有全国各地的人前来酒吧街“朝圣”。

“老酒吧”

芳草街街道玉林路一带的酒吧，所提供的环境和氛围自始至终都是休闲、惬意的，它与老成都的生活方式不谋而合。1996 年 6 月 26 日，来自甘肃的摇滚歌手杨晓辉，在玉林西路开了一家酒吧，取名为“老酒吧”。

20 世纪 90 年代的玉林西路一带，正处于刚刚开始城市化建设的阶段，还比较偏僻。当时玉林片区修建一批住宅楼，但入住率不高，整条街就只有一两家类似杂货铺的店铺。杨晓辉和乐队在进行全国演出的途中来到成都，因东西好吃且特别便宜，便对成都有了亲切感。于是，便同朋友一起凑足几万元，经人介绍，在玉林西路找到一家店面，开起“老酒吧”。为了节省开支，酒吧里的桌椅板凳、墙面的刷漆都是一行人亲自动手完成的。

“老酒吧”规模不大，自一开始便是杨晓辉和乐队朋友在成都的一种生活方式。“老酒吧”最初的定位只针对成都的音乐和文艺圈，而当时玉林路一带的居民对酒吧也知之甚浅，偶尔有些居民路过“老酒吧”，通常还会抱怨要喝酒要吃菜，酒吧里不提供菜压根没法喝酒一类的话。虽然没有单纯按照营业的目的来运作，但杨晓辉对融入自己生活的“老酒吧”却有着自己的坚持。平时店内播放的音乐都是经她之手亲自挑选出来的，她将这些经过选择的音乐专门整理成一个音乐夹，即使自己

老酒吧（2023 年 12 月）　　鲁勇摄

不在店内，负责的员工也需要按照这个音乐夹来播放，不能随机播放。这个习惯，从开业的第一天起便一直没有改变过。从这一点可以看出，“老酒吧”的经营风格同时也是杨晓辉本人气质的一种体现，而这一带有文艺范的气质也给随后的玉林酒吧文化奠定了基调。

2010年后，玉林西路酒吧文化逐渐萧条，杨晓辉也在这段时间里暂停“老酒吧”的经营，将其改成自己钟爱的茶艺馆。

2017年，玉林西路因赵雷一首《成都》迅速走红，引得许多游客慕名而来。在“老酒吧”暂停营业后，整条街只剩下“小酒馆”和“坐标”两间酒吧，而“小酒馆”在玉林也已停止演出。每到周末人多的时候，很多特地从外地赶来的游客只能站在大街上，或坐在店外的花台上，整条街也没有多少能够休憩的场所。出于想为因《成都》而来的客人带来好音乐的想法，杨晓辉又重新拾起“老酒吧”。2017年9月，“老酒吧”重新对外营业至今。

小酒馆

1997年1月，“小酒馆”正式营业。这间只有50平方米的酒吧，自诞生之际便与艺术密不可分，店名、logo、室内外的装修设计均是由张晓刚等艺术家亲自负责。在最初的一年，“小酒馆”的生意比较冷淡，多是艺术家朋友们前来捧场，外来顾客很少。此期间的“小酒馆”，更像是沙子堰艺术家内部聚会、听古典音乐、喝酒的“文化会客厅”，他们在“小酒馆”彼此分享着艺术见解探寻着创作的灵感。

1998年，许多酒吧出于经营考虑，只会让驻唱歌手唱一些易被大众接受的流行歌曲。爱好音乐的唐蕾注意到成都有一些热爱音乐的年轻人缺少演出的地方，便想周末让他们来免费演出，借此带动“小酒馆”的人气。但因为没有驻唱费，年轻的音乐人仍没有收入，唐蕾就将国外Livehouse酒吧的经营模式运用到“小酒馆”上，向进来听演出的人每位收取10元门票，所有的门票收入都归于演出乐队。没过多久，这种经营方式产生新问题，前来听演出的乐迷有时购买门票后会直接去“小酒馆”旁的小卖部买饮料，进店后不再进行任何消费，直接导致“小酒馆”的收入微薄。鉴于此，唐蕾进一步和各个乐队沟通，达成7：3的门票分成比例（乐队拿70%，“小酒馆”拿30%），并且由“小酒馆”负责前期宣传。同时，唐蕾也以制

小酒馆（2023 年 5 月） 鲁勇摄

作和策划人的身份和几个朋友成立“暗渍横行工作室”，投资给乐队做宣传和“小样”，并帮助乐队联系一些演出，逐渐进入良性循环。“小酒馆”继续推出新业务，作为演出主办方安排演出从几周一场到每周一次，门票为 5 元、10 元不等，观众可以自带酒水，现场也提供免费的饮用水。

随后，更多的年轻摇滚歌手都来到“小酒馆”演唱原创作品，随之吸引大量摇滚歌迷前往。一时之间，“小酒馆”成为成都乃至全国的摇滚基地，全国各地的摇滚乐迷纷纷前来“朝圣”，“小酒馆”的经营状况也随之好转，50 多平方米的演出场地已完全不能满足各方面的需求。2007 年，“小酒馆”芳沁店开业，位于永丰路 47 号。这间拥有 100 多平方米的分店承接原先的乐队演出，“小酒馆”玉林店不再进行演出。

2010 年，玉林西路逐渐朝服装一条街转型，随后受到网络购物的影响，整条街慢慢变得萧条，转让关门的店铺多达 40 余家。和“老酒吧”一样，玉林西路的“小酒馆”也失去往日的辉煌。直到 2017 年，赵雷的《成都》用一种意想不到的方式反哺“小酒馆”，也反哺整条玉林西路。“小酒馆”开始为全国人民所熟知，不单只是摇滚、民谣乐迷眼中的“圣地”，更成为网红景点。

2017 年，在“第八届中国摇滚迷笛奖”颁奖礼上，唐蕾和“小酒馆”被授予“中国摇滚贡献奖”，这一年“小酒馆”正好 20 岁。2023 年，小酒馆已开办玉林店、芳沁店、万象城店 3 家分店，到小酒馆演出的歌手和乐队依然络绎不绝。由于场地限制，芳沁店和玉林店不再举办大型演出，演出活动基本在万象店举办。

“白夜”酒吧

“白夜”是玉林一带最具有文艺气息的酒吧。酒吧的主人是成都诗人翟永明，早在 20 世纪 80 年代，她便开始发表诗歌作品并产生了重大影响。1998 年，翟永明路过玉林西路，在一家未开门的服装店门上看到一则招租广告。出于想经营书店的想法，她没有多想便接下这家店。由于不久之前，好友唐丹鸿经营书店失败，翟永明便打算将“白夜”按照国外“酒吧 + 书店”的模式进行经营，当时这一模式，国内还没有先例。翟永明通过艺术圈内的人脉，让何多苓设计巴希利科夫 logo、刘家琨设计酒吧的装修和“花生壳”吧台，另加设计三个腰果形的灯光装置，这些文艺气息满满的建筑风格十分经典，不久之后也成为“白夜”的标识。而店名“白夜”二字，则是翟永明从俄罗斯作家陀思妥耶夫斯基的小说《白夜》以及芭蕾舞明星巴瑞辛尼科夫的电影《白夜逃亡》中得到的灵感。

1998 年 5 月 8 日，位于玉林西路的“白夜”正式开张营业。开业伊始，诗人钟鸣的《旁观者》签名售书活动与雕塑家朱成的作品室外展在“白夜”举办。其间，

“白夜”酒吧（2023 年 5 月） 鲁勇摄

在成都的作家和艺术家全部到场，“白夜”也迅速成为成都诗人、作家的聚会地。

当时，成都诗人、作家圈子里的聚会，通常会先聚餐吃饭，吃完饭后再转至“白夜”喝酒。到了“白夜”，通常会拼上一桌长桌，其间不断有人打电话，呼朋唤友，不断有人加入。聚会的长桌就像流水席一样，不断地加长。有时加到墙角处，不能再加时就开始拐弯，非常热闹。

因“白夜”的营业对象多是文学、艺术圈子内的人群，一般的居民很少会前往消费，所以几个月后，“白夜”生意由浓变淡。为了防止亏损，翟永明在“白夜”酒吧里不仅卖书，还增加卖首饰的柜台，随后又开办了一个读书俱乐部。她的坚持和成都文化人的热情，源源不断地为“白夜”输送生命力，成都的诗人和“白夜”之间的联系也越来越密切。

在一番跌跌撞撞地摸索中，“白夜”逐渐找到自己的特色，不同于一般的酒吧，“白夜”不仅经营酒水，更经营文化。“白夜”来过数不清的文化名人，既有成都本地的，也有从外地来参加聚会，或是举办活动的。“白夜”的文学氛围因此变得格外浓厚，各种文化活动层出不穷，不少喜爱中国文化的外国友人、外国诗人也慕名而来。

1999 年，翟永明联合其他一些身在成都的作家、导演、艺术家朋友在“白夜”组织名为“电影与文学”的研讨会，会议期间，共同促成《1999 中国诗年选》的出版。同年 10 月，还在“白夜”举行《1999 中国诗年选》签售活动，所有诗被选中的成都诗人全部到场签售诗选，同时还有一个小型的文本展。

2001 年 2—8 月，“白夜”举办白夜影会，每周一次放映纪录片和 DV 短片，其中包括塔可夫斯基、帕索里尼、阿莫多瓦等国外大师的影片。同年 10 月，“橡皮 · 白夜酒吧影音周”在白夜开幕，影音周历时 7 天，共放映来自全国各地的短片数十部。

2007 年 5 月，“诗歌双城记暨白夜九周年庆——诗影像系列活动之二”在“白夜”举办，在现场，南京诗人朗诵全部由影像呈现，成都诗人则现场朗诵，并根据诗人的朗诵，即兴混入音乐。众多成都诗歌界和艺术界人士前来参加，现场亦有诗歌爱好者即兴上场朗诵自己的诗歌。

随着“白夜”在文学圈内影响力的增加，60 平方米的空间已经显得有些局促。经过一番考量后，翟永明决定将“白夜”迁往成都院落集群窄巷子。2008 年 8 月 5

日，新“白夜”在窄巷子32号正式开张。而玉林西路的“白夜”，在2013年的最后一天，因房租协议到期未能续租而中断经营。暂别玉林西路的这段日子里，翟永明非常怀念玉林西路，一直都期待有机会再回来，对她而言，“白夜”已经成为一种情结。

2021年，玉林西路老“白夜”的位置重新招租，得知这一消息后，翟永明连租金都没商议，便立马租下来，如同初开“白夜”一般决然。至此“白夜”在玉林西路重新回归，在翟永明的坚持下，仍采用曾经的冷灰色基调，透明落地玻璃，包括吧台也还原“花生壳”的设计。她只将新店招牌换成了《第三代人》，这幅画由艺术家何多苓与艾轩创作于1984年，题目原拟名“我们这一代”，后来更名为《第三代人》。

“半打”酒吧

“半打”酒吧位于芳草街，由杜兵在1998年开业经营。“半打”酒吧在营业初期，主要起着会客交流的作用。杜兵经常会在这里为自己各行各业的朋友相互引荐，一来二去，来“半打”酒吧的就都成为老朋友，“半打”酒吧也因此被誉为成都最早的社交平台、社交圈的“黄埔军校”。在酒吧的经营上，杜兵将专业的舞美装修和吧台设计引入其中，同时店内还配有小号、萨克斯、钢琴等演奏设备，演出模式更加丰富。“半打”酒吧在芳草街一直经营到2005年，后因房子被清退而停止营业。

音乐胜地

成都摇滚起源地

芳草街街道的“老酒吧”和“小酒馆”都是成都摇滚起源地，尤其是“小酒馆”，从一个艺术家的乌托邦变成为音乐人的原创作品提供演出机会的场所，再成为成都原创摇滚大本营。“小酒馆”创始人唐蕾带领本土九支乐队到北京演出，使成都摇滚乐声名大噪，在第八届中国摇滚迷笛奖颁奖礼上获得“中国摇滚贡献奖”。

“老酒吧”创始人杨晓辉是一名摇滚歌手，跟着乐队全国演出到成都后选择驻扎在芳草街街道。她的摇滚歌手身份，吸引全国各地的乐手前来，包括野孩子乐队、赵牧阳等。唐蕾在开“小酒馆”之初就在店里设置一个小音乐台，有的人喝着喝着就即兴去弹唱一番，慢慢吸引来一些摇滚青年。在与摇滚青年的交流中得知，他们缺少表演自己原创歌曲的场所，唐蕾便邀请他们来“小酒馆”演唱。

1998 年，正在“小酒馆”打工的店员，组建一支叫“另外两位同志”的乐队，也有在店里进行演出的想法，唐蕾很快答应下来。在逐渐了解了这些年轻音乐人后，唐蕾觉得摇滚代表着一种自由独立的精神，这一点和“小酒馆”成立的初衷十分相似，她愿意为这些年轻人提供一个能够展示自己的场所。同年 3 月 1 日，“小酒馆”首次正式演出，举办了一场民谣弹唱专场。1999 年，“子曰”乐队来到“小酒馆”演奏，狭小的店内硬挤入近 100 人。“小酒馆”的舞台很小，表演动作大一点会碰到观众区前排的人，乐队人多的情况下得在前面加两个木箱子，乐队与听众间直接的触感和交流十分原始和纯粹。随后，更多的年轻摇滚歌手都来到“小酒馆”演唱原创作品，随之吸引大量摇滚歌迷前往。口耳相传之下，“小酒馆”成为成都原创乐队的据点，“另外两位同志”“声音玩具”“阿修罗”这些乐队开始在这里收获第一批听众粉丝。由“小酒馆”带领的成都独立音乐开始扎根发芽，也成为见证中国摇滚乐成长的精神地标之一。

2000 年，在“小酒馆”积累了一定的演出经验后，唐蕾带着九支成都本地乐队前往北京以公开演出的方式，与更多音乐圈的人进行交流。不少知名音乐人，如崔

2002 年，尼泊尔乐队 The Glamours Band 在“小酒馆”玉林店演出　蔡鸣摄

2005 年，“变色蝴蝶”乐队在“小酒馆”为印度洋海啸灾区义演　蔡鸣摄

健、窦唯等都买票前来观看。

“小酒馆”为巡演制作并发行的 VCD《2000 地下成都北京现场》在摇滚圈内引起轰动，全国各地乃至日本、德国的媒体皆进行了报道。“小酒馆”在支持原创音乐的路上越走越远，被不少乐迷和摇滚歌手视为“圣地”。直到 2023 年，小酒馆已孕育了许多具有影响力的成都本土乐队，小酒馆的舞台成为这些乐队奔赴梦想的重要一站。

《成都》与玉林西路

赵雷演唱《成都》海报

歌手赵雷最开始到成都写歌，在回北京之前想在芳草街街道的“小酒馆”里演出一次，但种种原因没能如愿，眼看就要离开，最后一天他找到“小酒馆”创始人唐蕾，唐蕾看出他的急迫就让他先上台唱几首歌。后来，赵雷在台上演唱在玉林西路街头游走的状态下写出的歌曲《成都》，瞬间轰动全场。赵雷在舞台上感谢唐蕾，台下的唐蕾不明所以。第二天，唐蕾辗转要到赵雷的手机号，给他发信息表达感谢，赵雷在回复里表达希望有机会能再在“小酒馆”里相聚。时隔不久，他们在“小酒馆”里见面，唐蕾才了解其原因。

2017 年 2 月，赵雷在湖南卫视的《我是歌手》第五季上演唱《成都》，并带节目组到玉林西路拍摄，向大家介绍“小酒馆”。节目的播出使《成都》传遍全国的大街小巷，“小酒馆”变成各地游客拍照“朝圣”之地，彻底改变当时已逐渐走向萧条的玉林西路的命运，直至 2023 年，仍有部分游客因为《成都》前往玉林西路参观打卡，玉林西路也由此成为代表成都气质的街道之一。

选秀歌手的摇篮

“半打啤酒馆”自 1998 年迁址到芳草街街道后，成都的酒吧里第一次有了比较专业的舞美装修和吧台，配有小号、萨克斯、钢琴等专业设备，演出模式更为丰

2019 年，歌曲《成都》成名后前来“小酒馆”打卡的游客　　媒体“成都全接触”提供

富，汇聚资深的酒吧歌手。许多“超男快女”从“半打啤酒馆”里走出，它被誉为成都“超男快女”的音乐摇篮。在日常的训练和演出中，驻唱歌手和乐手、热爱音乐的酒吧创始人自由交流，彼此在音乐上互相启发、互相影响，共同为酒吧营造出独特的音乐文化。2010 年，“半打啤酒馆”因业务调整和市场变化决定停业。随着辖区酒吧行业竞争加剧和娱乐方式的多样化。至 2023 年，在酒吧内演出的多为乐队和自由音乐人，已少有歌手长期驻唱。

社区生活

随着芳草街街道城市化建设的展开，辖区把老旧空间改造为充满年轻艺术气息的新空间，展现出新旧交融的创意风格。同时，又陆续开设一批新的创意空间、创意集市和创意项目，以文化艺术、青年生活、社区服务为主，打造新的生活消费场景，增加老居民与新来客的交流，丰富共同的精神文化生活。

街区街景

“气象天团”街区

芳草街街道在城市化街道建设之前，辖区内多为农田、苗圃、花圃，因此不少道路的名字都与植物、花卉有关，但在蓓蕾社区，有几条街道的名字却与众不同，蓝天路、白云街、彩虹街自成一派，都因附近有民航空管局宿舍而得名。不仅如此，从地图上看，这三条街道所在的位置也颇有些讲究。

蓝天路全长 356 米，东起玉林中路，西止蓝草路与华姿路的交会处，是三者之中最短的一条。白云街全长 367 米，北起玉林西路，南止火烧堰巷，如果将东西走向的蓝天路视作 X 轴，白云街自然就成为 Y 轴，地图上的“蓝天”“白云”共同搭起一个平面。长 428 米的彩虹街东起蓝天路，转西北穿白云街再转西南至蓝草路，

蓝天路（2024 年 9 月）

白云街（2024 年 9 月）

彩虹街（2024 年 9 月）

在地图上呈现出一个半圆形，就好似一道拱起的“彩虹”，横跨在“蓝天”之上，中间还有“白云”穿过。这一位置上的设计，着实让人惊叹，蓝天路、白云街、彩虹街一带的街区也因此常被称为“气象天团”。

“气象天团”不仅名号听起来十分新潮，这一带的街区也充斥着许多很受年轻人欢迎的元素。蓝天路上的“冰蓝网咖”是众多电竞好手的聚集地，经常举办各类电竞比赛以及电竞主题活动。“冰蓝网咖”的东侧，沿街的墙上还画有一整条的超级玛丽彩绘涂鸦，为蓝天路带来浓郁的电竞风。白云街上有几面玉林西路故事展示墙，在白云街的东侧还有一条白云巷，是一条安静的小巷子，被涂鸦艺术画画得满满当当。彩虹街上则聚集各式各样的手工咖啡馆、面包店、饺子铺、书吧等，这些琳琅满目的网红小店和整条街道一同构成休闲烂漫的格局，街上随处都能见到慕名前来打卡的年轻人。

“气象天团”的出现，是老社区烟火气与新世纪年轻人之间相互碰撞的成果。在芳草街街道，越来越多的年轻人既尽情享受城市带来的乐趣，同时又以他们的方式潜移默化地改变着城市，为辖区的老社区注入新鲜的活力。

街“FUN”文创街区

芳草街街道街“FUN”文创街区是玉林西路商圈文创区的第一个项目，位于蓓蕾街与玉林中路交叉路口，与火烧堰碧翠廊形成一条天然绿荫步行道。2020 年，街道在回收火烧堰巷 500 平方米的闲置铺面后（为蓓蕾社区原办公地点），对其进行装修改造，门前部分的停车位被改为开放式的木制平台，面向文创爱好者招商，为居民、艺术家及手工艺人提供更多共享交流的空间，同时建立项目入驻评审机制、服务流程及退出机制，为入驻商家提供媒体宣传、政策扶持及管家式服务。同年 9 月，街“FUN”文创街区落地，主体投入 22 万元，配套投入 13 万元，吸引 9 家文创商家入驻，涉及旗袍定制、木雕、手工定制、刺绣等项目。2021 年 3 月，完成大部分招商。旗袍定制、木雕、刺绣、文具店、胶卷、唱片、录音棚等各类特色文创集合店入驻，蓓蕾社区形成以街“FUN”文创街区为中心的开放式文创园区。2023 年，文创街区招入 4 家商家，经营文创产品、展览策划、动漫设计等。截至年底，4 家铺面均处于装修阶段。

"街 FUN"文创街区(2020 年 9 月)　　蓓蕾社区提供

芳草墙绘

墙绘在芳草街街道并不少见，既有陈列于道路两旁或张贴于墙上的绘画，也有一些在网红店外与店内合为一体的彩色涂鸦，还有以住宅小区外墙为载体进行展示的巨幅绘画。经年累月，这些街头的墙绘以最平凡却富含艺术的方式，与辖区居民的生活融为一体，形形色色，五彩缤纷，其中最具特色的有"芳草八景"、《慈》、《赤兔之诚》等。

20 世纪 90 年代的沙子堰、玉林西路片区，聚集了众多的艺术家，如何多苓、周春芽、张晓刚、郭伟、赵能智、何森、邱黯雄等，这一带也因此成为成都当代艺术的坐标。在沙子堰东巷小区的墙面上就有以这些元素为题材所创作的墙绘，"小酒馆""白夜"等文艺符号与市井烟火交织在一起，将过去的记忆绘成一幅涂鸦长卷，让过往的人能够直观体会到当时的生活，感受到扎根于此的艺术气息。

同样反映过往居民生活的，还有在辖区蓝草路沿线的一组以"老成都生活文化"为主题的墙绘，这组墙绘由五幅彩绘作品组成，其中的"打锅盔""豆花担""老虎灶""晒盐菜""泡泡菜"都是老成都人的市井生活记忆，也让当代的年轻人感受到辖区地域文化的特色。

2019 年，刚完成的“芳草八景”之“筝灯月影”彩绘墙　　紫薇社区提供

2019 年，芳草街街道紫荆南路 23 号四季家园小区展出一组关于“芳草八景”的彩绘墙，墙绘素材均来自小区退休教师刘廷荣所创作的同名篆刻作品，由“筝灯月影”“紫杉钟塔”“紫竹渔篓”“神树千年”“曲径通幽”“翠廊芳亭”“牌门春潮”“碑高地阔”八处较具代表性的辖区景观组成。在刘廷荣老人协助下，墙画由四季花园小区的另一位大学生和其同学共同绘制完成。

墙绘《慈》（2019 年 6 月 3 日）

2019 年，在沙子堰中巷，沙子堰文创街入口处的红色镂空框架左侧，还展出一幅七八层楼高的巨幅墙绘，名为《慈》。这幅墙绘作品高 17.6 米、宽 7.5 米，由国内“90 后”街头艺术家 Sheep CHEN（陈暘）用时 7 天创作而成。画面的整体色彩十分绚丽，以紫红色为主要色调，画面中央是一轮动漫形象的太阳，被左右两侧的母女一

2019 年，刚完成的“芳草八景”之“紫竹渔篓”彩绘墙　　紫薇社区提供

起捧在手中，母女人物形象与川剧中的花旦十分相似，服饰秀丽，头顶栖息着黑孔雀和白天鹅，两人一同将太阳拥入怀中，相拥而眠，神色沉静而安详。画中还有一处小细节，母女二人头上戴有的花源自 Sheep CHEN 在创作时，收到的来自过路行人送的花，辖区居民的热情和包容让其十分触动，便将收到的小礼物临时融入创作之中。

沙子堰中巷的《慈》并非艺术家 Sheep CHEN 为辖区所创作的唯一作品，在永丰路衣冠庙地铁站 B 出口附近，还有一幅同样以整座住宅小区外墙为画面所创作的大型墙绘《赤兔之诚》。《赤兔之诚》是 Sheep CHEN 在 2020 年 6 月，根据此处为关羽衣冠冢所在之地的传说创作的。整幅画面以深蓝色为背景，一匹红色的骏马跃然其上，与象征着关羽的太阳相互依偎，呈现出平和而安详的画面。2021 年，《赤兔之诚》因永丰路实施一环路“市井生活圈”改造工程被移除。2023 年，紫荆南路与沙子堰中巷的“芳草八景”及《慈》墙绘依然存在。

蓝天路“电竞街区”

2020 年 5 月，芳草街街道投入 47 万元打造“电竞 + 国潮风”蓓蕾中巷电竞街区，以经常承接电竞比赛的“冰蓝网咖”为中心点，辐射周边“一路、一广场”——以蓓蕾中巷为延伸，绘制“电竞网红墙”连接蓓蕾小广场，建筑外的壁画创作融入了原创动画以及游戏、电竞发展历程等内容，绘有变形金刚、超级玛丽等

电竞墙（2023 年 12 月）　　鲁勇摄

“龙王”公厕（2023 年 12 月）　　鲁勇摄

众多年轻人耳熟能详的电竞、动漫彩画，这些彩绘采用时尚流行的国潮风，与周围古香古色的川西民居风格建筑相融合。蓓蕾社区翠园广场对面建有一座造型新潮的公厕。整座公厕的正面被设计成神话中的“龙王”形象，入口是“龙王”的“口鼻”，男女分厕的窗户便是“龙睛”所在。公厕两边的墙头，还分别立有国潮风的墙绘，左边男厕墙头是手持金箍棒，威风凛凛的齐天大圣，右边女厕墙头则是脚踩风火轮，正在闹海的哪吒。如厕后，听到翻腾倒滚的抽水声，再结合神话传说中掌管大小水域的“龙王”，不由让人会心一笑。这一别出心裁的创意公厕，不仅受到附近居民的一致称赞，还常有路过的年轻人驻足拍照。截至2023年，蓝天路“电竞街区”的墙绘依然存在。

“友善之墙”

“友善之墙”兴起于伊朗(一种公益形式，即在一面墙上挂着人们捐赠的闲置衣物，有需要的无家可归的人和贫困人士可以将衣服带走)。2016年2月21日，芳草街街道蓓蕾社区借“我是雷锋”大型志愿服务活动筹备“友善之墙”，选址于蓓蕾西巷的居民聚集区。辖区的“友善之墙”由社区志愿者连续三天绘制而成，与社区古色古香的风格相统一，保留墙面的屋檐和红灯笼，木板就如衣柜，直接制作上衣钩；居民将家中闲置的衣物悬挂陈列，供有需要的居民免费领取。同时，组建“友善之墙”志愿者小组，由社区党员志愿者、热心居民、专业志愿者三方共同维护管理；社区志愿者将墙面衣物的整理与“爱心环保回收箱”相结合，每天不定时安排志愿者前往“友善之墙”收拾整理，并联系“爱心企业”将无人领取的衣物运往贫困山区。2021年2月，根据居民使用频率减少的实际情况，“友善之墙”被拆除。

“街巷博物馆”

芳草街街道蓓蕾社区“街巷博物馆”创建于2021年6月，位于火烧堰巷，融入有街头雕塑、街巷历史、社区人物、文创产品、书画作品等元素，大量挖掘居民故事，探索每个院落、商家、人物的前世今生，是一个以特色街区为载体营造的城市人文类博物馆。其间开辟有“定制我心目中的美好生活”留言板，居民积极参与互动。2021年6月，在此举行首届社区艺术节作品展，社区居民的书画、篆刻作品

火烧堰街巷博物馆（2024 年 4 月） 鲁勇摄

一一被展出。2023 年，街巷博物馆举办了 1 场廉洁文化宣传活动，持续 6 个月；举办人宠双向友好策展 1 期；开展居民合约征集 1 期。

索菲 SONAC 街头摄影展

2020 年 10 月 19 日至 2021 年 1 月 19 日，芳草街街道玉林西路举办第七届中法环境月和成都欧洲文化季“丛林在街角：法国摄影师索菲 SONAC 街头摄影艺术作品展”，作为索菲的街头艺术在中国的首秀。索菲根据玉林西路的具体氛围和情景，在玉林西路与芳草街交会处，设计出高 10 余米、宽 8 米左右的老虎头像摄影作品，呈现在街头的两栋楼面上。因建筑之间的鸿沟与夹角，虎头大致沿面部中线被割裂开来，让观众的思绪短暂地从水泥城市跳跃到动物丛林。楼下的“火锅手撕兔”、居民楼的雨棚与阳台、斑马线与红绿灯、张贴在小区门口的各种海报、空中的电线与路灯及凝视作品的路人都被框入整个画面。

文化场所

散花书院蓓蕾社区店

“散花”缘起于成都四大名楼之一的散花楼，是成都知名的文化品牌，散花书院名称由此而来。坐落于蓓蕾中巷5号的散花书院蓓蕾社区店，面积约300平方米，不仅是成都市首家社区书店，而且是一个集书吧、茶吧、文创体验、小型文化沙龙、家庭教育功能于一体的多样化文化创意体验空间。

蓓蕾中巷5号原是一座典型成都四合院风格的茶楼，院落中央长有一棵高大的黄葛树。在茶楼的租期结束后，芳草街街道协同蓓蕾社区，聘请社区规划师，在征求社区居民需要书店、需要儿童活动场所以及保留黄葛树的意见后，最终确立建筑设计方案，决定将茶楼改造为社区党群服务中心，服务中心一楼三分之二的空间和院落则交由散花书院运营，打造成供附近居民看书、品茶的休闲场所。

2020年初，散花书院蓓蕾社区店正式开业。书店兼具读书、文创、饮品与轻食的功能，营业时间为早上10点至晚上10点，店内所有拆封的样书，都可以免费阅读。除能在院落的露天环境下看书，院内还设有室内阅读空间，在一间10余平方米的小屋里，摆放着收音机、电风扇、旧茶壶等充满时光记忆的物件，墙上挂着一幅幅老成都照片，书架上则是由散花书院和蓓蕾社区共同筹集的800多本书。书院专门为蓓蕾社区居民办理特别的文艺惠民卡，社区居民不仅可以在这里进行阅读，还能凭身份证免费办理借阅。蓓蕾社区协同书店，利用其文化品牌效应，通过整合作家、艺术家、非遗传人、文创机构的作品和产品资源，在社区相继举办“周三电影日”“周五脱口秀”“周六树下艺谈”“天府故事开讲啦”等丰富多彩的文化活动，让辖区居民更加深入感受到传统文化的魅力。12月，“老成都蓓蕾记忆”项目（即茶楼改造）在成都市“爱成都·迎大运”社区微更新项目竞赛活动中获一等奖。2021年，在“新时代杯”2020时代出版·中国书店年度致敬活动中，散花书

散花书院（2023 年 12 月） 鲁勇摄

“蓓蕾记忆”（2020 年 4 月）

院蓓蕾社区店被评为年度社区书店。

2022 年 3 月，蓓蕾社区与散花书院于蓓蕾中巷 5 号联名举办“儿童美文欣赏与写作”和“小学生创意读写坊”公益课活动。活动中，老师带领孩子们共同朗读文章，并为孩子们讲解文章结构、描写方法及修辞手法等内容，引导孩子们培养良好的阅读习惯，启发孩子们的想象力，让孩子们享受读书带来的快乐。4 月，开展“读成都，迎大运，画大运”主题活动，邀请著名漫画家杨仕成，与参加活动的社区居民一起在散花书院蓓蕾社区店内创作绘画作品，为成都大运会助力。书店还支持有创意和动手能力的居民，创作、制作文创产品，开发“文创手作蓓蕾造”系列周边产品，增加和社区居民之间的互动，激发社区居民对文艺活动的热情。2023 年，散花书院内开展“散花书院探秘书香文化”、新书分享会、彩虹街青年会客厅系列、中国传统书画木刻技艺项目培训等基地活动。同年，获评“2023 成都最美书店”。

白夜花神 · 诗空间

坐落在芳华街 28 号，是一座通透的白色建筑，由翟永明、何多苓等艺术家打造而成。此处本是原芳华社区的办公及活动场所，长期处于闲置状态。2021 年，随着“白夜”酒吧回归玉林西路，这块闲置的二层楼建筑一同被改造成“白夜花神 · 诗空间”。它是“白夜”品牌在成都的第三家门店，是集休闲、文化活动、展览于一体的社区美学空间，建筑内所有空间均对附近居民开放，居民既可以在里面看到各种形式的艺术展览，也能够观赏电影、分享诗歌作品。

“白夜花神 · 诗空间”由贯穿社区的空间发展轴以及“白夜花神 · 剧场”“白夜花神 · 咖啡”“白夜花神 · 书房”“白夜花神 · 诗歌长廊”组成，形成“一轴四空间”的空间结构。

“白夜花神 · 剧场”约为 190 平方米的开放式展厅，不仅用于引入国内外艺术资源，邀请来自文学、艺术、电影、戏剧、音乐、社科、建筑等各领域的先锋领袖开展对谈、讲座、论坛或互动式课程以及各类沉浸式文化场景体验，也是联合社区举办各种公益文化活动的场所。“白夜花神 · 咖啡”是咖啡馆兼酒吧，提供定制咖啡、甜点、精酿啤酒以及文创周边。二楼的“白夜花神 · 书房”，建设面积约 70 平方米，拥有藏书 3000 余册，囊括翟永明等当代知名诗人的诗集。书房既是读书、观赏电影的阅览室，也是举办小型读书会、插花茶道体验课、儿童阅读写作分享会、书法培训课等文娱活动的理想场所。“白夜花神 · 诗歌长廊”长约 70 米，专门用于展示原创诗歌作品，供来往的行人阅览欣赏。这些诗歌都是向辖区居民进行征

白夜花神 · 诗空间（2023 年 12 月） 鲁勇摄

集，经过内部筛选后再进行展示的，其中不乏芳草小学学生的作品。

与常见的画廊展厅、艺术空间等不同，“白夜花神·诗空间”采用小开窗的形式引入光线，室内不做繁冗的设计，用于展出的区域整体下沉60厘米，避免干扰到周边居民的采光。在二楼室内的小窗，也采用朝一侧偏斜的方式进行设计，避免内部的聊天声音影响到邻近居民的生活。在空间的户外空地上，保留原先老年象棋队和坝坝舞的活动区域，还将附近零碎的区域整合成较为完整的场地，为居民提供原有日常生活的空间，并设置供附近居民停留休息的地方。通过这样的方式，“白夜花神·诗空间”实现社区商业运营、公共服务和社区治理的融合，成为芳草街街道中最能体现市井烟火与文化艺术共存特点的代表场所之一，并在“2022成都生活美学大赏”活动中，上榜“年度十大空间”。2023年，举办诗歌主题对谈分享、女性艺术家四联展、成都双年展平行展之“随时间而来的诗意：写作者的视觉转换”、芳草诗社夏日诗会等文化艺术活动。

一苇书坊

一苇书坊是一个逐渐发展而成的社区文化空间。“一苇”取自法国哲学家帕斯卡尔的文章《人是一根能思想的苇草》。2019年10月，一苇书坊开始正式营业，位于彩虹街8号，书坊主理人阿俊。在开业初期，书坊开展了持续一周的活动，邀请嘉宾参加分享会，一天一个主题，围绕设计、艺术、社群与城市文化进行畅谈，仅有60平方米的空间里聚集许多媒体人、艺术家、学者、设计师和书店同行。

2020年6月，一苇书坊将隔壁的老按摩店租下，改造成一块名为“精神按摩”的文化活动空间。整体形成两间铺面的格局，两个空间虽然在物理上有隔断，但没有明显的边界。大空间是书店，进门就是一个中岛式吧台，三侧靠墙位置都设置有书架，吧台背后则是两张书桌，可供客人阅读和休息。店内藏书约有4000册，多以人文社科读物为主，每月会根据销售情况补充。

“精神按摩”空间则作为沙龙活动场地，用于举办文学艺术活动、展览、放映、小型会议以及读者之间进行相互交流。一方面给艺术家提供展示自我的舞台，另一方面也给读者创造学习新知识、认识朋友的空间。至2022年4月，一苇书坊已在“精神按摩”空间内举办150多场文化艺术活动，从诗歌、哲学、历史、艺术到音乐、摄影等涉及多种文化领域，其中较为火爆的有观念艺术家李勇政的“艺术创作沙龙”、行为艺术家何利平的“心中马尔代夫”，以及留学生女孩茉莉的“旅游人类学”。

在不断举办文化活动的同时，一苇书坊还引入咖啡馆、小型酒吧的功能。2023年，在经过新一轮改造后，书坊保留两间铺面的固有格局，由同一顶屋檐、一条过廊把左右两个空间串联起来。左侧作为书空间，原先内部的吧台被拆除，三面墙壁布满书架，其中一面墙增设一面可移动的投影幕布，成为一个小展厅，区域内的凳子采用全定制式，灵活、多变，既可以坐，也可以进行收纳。右侧则被打造成咖啡酒馆，里面置有生啤啤酒机，还销售威士忌、葡萄酒等。同年，一苇书坊成为辖区家校社企共育实践基地。

“FUN · 志惠小屋”

位于成都地铁 8 号线衣冠庙地铁 B 出口处，是芳草街街道于 2020 年在配合市政府“一环路市井生活圈”改造项目中，打造的一处特色惠民设施。屋内除配备有饮水、医疗救助、充电服务、语言翻译等设施设备，还设置有“云上玉林西路”的小程序。通过小程序，可以对玉林西路上的商家位置、优惠套餐、街区活动等信息进行实时查询，从而更方便有效地规划相关行程。“FUN · 志惠小屋”不仅提供

“FUN · 志惠小屋”（2021 年 5 月 12 日）

设施设备，还经常在户外小广场上举办多种互动活动，丰富辖区居民的精神文化生活。

2021年4月，芳草街街道在“FUN·志惠小屋”小广场开展名为“街区共融·志惠童心”的大型活动，活动由“志惠童声，儿童义演及表彰”“儿童博物馆进社区”“志惠童心，爱心市集”三部分组成，服务辖区居民150余人次。在“志惠童声，儿童义演及表彰”环节中，由辖区儿童之家、小学、青少年教育机构等团体，组织小朋友现场进行精彩的才艺表演。表演结束后，由芳草街街道妇联副主席对8名优秀先进儿童进行“荣誉之星”的表彰。在“儿童博物馆进社区”的环节中，爱德文儿童博物馆在现场搭建以“牛顿的物理乐园”“神奇动物护卫队”为主题的博物展览场景，帮助孩子探索、了解更广阔的科学文明世界，在寓教于乐中助力孩子成长。“志惠童心，爱心市集”环节，则在活动主会场周边摆设“志惠童心”点位，通过古法造纸、神秘的气球、黏土捏捏乐、彩绘花瓶、牙医小课堂等互动项目，让参与活动的家庭近距离体验，感受活动氛围。5月，“FUN·志惠小屋”举办“五一文创、音乐特色品牌推介会”，既有面向辖区居民展示的陶艺碗碟、蝴蝶标本、手工木艺、手工珠串、文艺鲜花、特色年画等精美手工艺品，也有街头艺人的表演穿插其中，让辖区居民感受到其中深厚的文化底蕴。9月，“FUN·志惠小屋”联合“芥末喜剧”，举办“脱口秀中话烟火”活动。活动邀请到4位嘉宾，以“烟火气”为主题畅聊成都，畅聊芳草，畅聊欢乐。从儿时记忆聊到工作，再从美食聊到玩乐，“地摊闲逛买相因”“茶馆喝茶冲壳子”“公园打堆下象棋”等一连串风趣又亲切的话语，勾起许多居民关于老成都的市井生活回忆，引发全场共鸣。2023年，“FUN·志惠小屋”移交“城市合伙人”营运，“云上玉林西路”小程序因项目终止，已不再使用。

“撑展”小店

2020年成立，位于芳草街街道彩虹街4号。“撑展”是四川方言，有张开、顺利、明白、漂亮的意思，指做人做事给人舒服、愉悦的感觉，表达一种赞赏的态度。小店成立初期，是一个由年轻人组成的文化艺术空间，以策划青年文化创意活动为主。在与蓓蕾社区工作人员接触后，“撑展”开始融入社区，开始用青年人独特的视角关注、记录城市的发展、社区的变化，成为一家在地文化创意与社区营造机构。

《街边日报》是“撑展”推出的第一份社区文化刊物，采用大面积色彩结合插画的风格，以青年视角下的社区观察为基础，将老街区里的日常生活故事用切片的方式进行呈现，仅保留每个故事的核心部分，将每个故事都以独立画面进行展示，并将长文内容收缩进二维码中。

《街边日报》只是“撑展”在社区中传播青年文化的一个缩影。“撑展”还为社区设计老党员工作室、打造青年文化会客厅的主题街区，策划建党100周年活动、开展民意收集活动等。

2020年10月，“撑展”在店内举办名为“你好，彩虹街”的摄影展，也是其举办的第一场摄影作品展览。展览通过艺术的方式，记录老旧小区与街道居民真实的生活场景。

2022年7月，“撑展”邀请社区居民在活动区域写便利帖，写出心目中理想社区的样子，共收集到3000多张便利帖，之后把收集到的信息整理反馈给蓓蕾社区的工作人员。在得知许多社区居民对养宠物一事特别在意后，蓓蕾社区又与“撑展”一起，设计一系列宠物卡通插画，用年轻化、更接地气的方式呼吁大家文明养犬。11月，“撑展”组织团队成员，在每周五帮助社区里的空巢老人，教他们学习使用电子产品、数码产品。

2023年5月，“撑展”联合青年组织“海浪公社”，协同蓓蕾社区在翠园广场举办“青年来提问，老人来回答”的公共展览。通过前期征集到的54个年轻人最想知道答案的问题，“撑展”团队成员与蓓蕾社区中的老人进行交流，让老人给出这些问题的答案与自己的看法，再将这些问题与答案以公开展览的方式展现给社区居民，让两代人之间能够去掉代沟，在一个平等的条件下进行沟通，从而相互理解。是年，“撑展”获2022—2023年度成都高新区社会领域共青团“十佳青年社区社群”称号，成为芳草街街道最具代表性的青年社区之一。

“洋气”社区文化艺术空间

位于芳草街街道沙子堰东巷7号，于2022年3月26日开业，是一家社区咖啡店兼文化中心，由老社区的独栋院子改造而来，院子里有一棵生长几十年的大榕树。它为周围居民专门提供“邻里咖啡”，客人自带咖啡杯还可享优惠。主理人是有经验的户外领队和摄影师，推崇环保理念、做公益项目、分享旅游文化，店内有从各个景点捡回来的植物及废旧物品制作而成的手工艺品，同时也是宠物友好空间。2022 年 7 月 23 日，举办“洋气生活”市集活动，可以把二手闲置物品凭以物换物的方式进行交换。2023 年 10 月，“洋气”社区文化艺术空间重新装修，后更名为“董先生”。

“董先生”（2023 年 11 月 9 日）

“Bushes”空间

2020 年，芳草街街道配合市政府“一环路市井生活圈”改造工程，将位于玉林西路 2 号的原供电局职工宿舍改造成集文化艺术展览、青年文化艺术孵化、特色民宿等功能于一体的“Bushes”，进一步丰富玉林片区的文化艺术内涵。

“Bushes”又被称为“玉宿”，为独栋建筑，与“小酒馆”隔街相对，建筑总面积 956 平方米，由艺术家、设计师王亥团队担纲改造设计。改造初期，项目在尽可能保留原始建筑肌理的同时，对不能保留的建筑片段，采用波纹铝板等全新的建筑材料进行替换。改造完成后的整体建筑使用金属立面涂装，外表面呈钢筋混凝土纹理特征，建筑底层采用落地窗设计，展现出新旧交融的设计风格，在充满市井烟火气的玉林西路显得格外醒目。

2022 年 1 月，“Bushes”举办首个名为“街头系谱 · 到期作废”的展览，围绕可持续生活的主题，将破碎的瓷器组群、零散的建筑废渣、残留的贝壳等废旧物品，重新进行有机组装、整合，以全新的艺术面貌陈列于多个空间之中，为参展的观众呈现一次关于“材料再造”“产品再造”和“文化再造”的内容分享。2023 年，“Bushes”空间仍在营运。

社区活动

芳草生活节

2022 年，芳草街街道举办首届“高新芳草生活节”，由成都高新区国际合作商务局、发展改革局、国资金融局、新经济局指导，辖区本土名人、商家共同参与，分为线上抽取“消费券”和线下开展活动两大部分，打造“芳草生活方式”品牌，刺激区域消费。

11 月 5 日，“高新芳草生活节 · 芬芳之夜”线下推广活动在紫杉路步行街开展，以“芳草碧连天”共创共享美好生活为主题，打造独具“芳草韵”的文娱体验场景，活动现场还进行“芳草餐饮协会”授牌仪式，为 22 家优秀的辖区企业商家及 10 位杰出奉献的“芳草人”颁发“TOP 好吃十佳”“最潮酒吧”“最潮饮品”“最具影响力品牌”和“最具影响力人物奖”；演员到现场通过光影互动的方式，以一枚篆刻印章为主线，讲述一代代芳草人的“芳草”故事；邀请从辖区走出去、逐渐发展为具有国内外影响力和美誉度的服装高级定制品牌为居民带来两场大秀，现代时尚和传统古典相融相生；活动在一曲《成都》中落幕，知名乐队登场演出。

2023 年，第二届“高新芳草生活节”在翠园广场举行开幕式，以“在芳草，见成都”为主题，其中乐队演唱《诗与爱的成都》，两位朗读者讲述在芳草街街道如何“阅读”生活；结尾由二胡演奏家根据《新俏花旦》《成都粉子》改编歌曲，将辖区的盖碗茶、火锅等美食以及“芳草人”潇洒自如、悠然自得的生活态度融入歌曲中，运用四川清音和说唱的方式演绎“芳草慢生活”；主办方根据老成都人经典的生活场景，设计“复古盖碗茶”“自由棋牌室”等主题打卡区，通过“文化和消费”的场景，创新消费新模式。第二届“高新芳草生活节”线上联动“美团”和“大众点评”生活平台发放消费券，参与活动的企业商户共900余家，投放消费券670万元，累计拉动消费2300余万元。

同年3月3—4日，蓓蕾社区在翠园广场开展“蓓蕾生活节”，由成都高新区精神文明建设委员会办公室、成都高新区志愿服务总队、辖区新时代文明实践所主办，“伍为青年文化传播”和“撑展”承办，为青年本地实践的第一场大活动。活动邀请辖区机构、公益组织、青年个人等用公益服务的方式呈现一个“家门口的服务场景”；邀请6位社区春日青年调查员，做出12种社区的导览手册；选择社区的10条街道或院落，邀请居民带上“漫游街区”取景框前往；彩虹街“青年会客厅”邀请7位分享者，在“一苇书坊”和“散花书院”进行讲述等活动。

芳草玉林大市集

由成都高新区芳草街街道办事处主办，根据“city walk”都市漫游理念，利用玉林西路街区人流量大、氛围轻松、生活气息浓郁等特点，以举办市集活动的形式打造旅游消费热点。2023年8月，首届“芳草玉林大市集”活动在火烧堰碧翠廊举办，涵盖文创、美食、二手、社区公益、非遗传承五大板块，市集为辖区文艺团体、老党员工作室、青少年儿童提供免费公益摊位，邀请街道艺术团体提供剪纸、篆刻、书法等多品类义卖服务。2023年，共举办“大市集”活动7场，吸引游客超10万人次，累计在地消费成交金额180万元，IP浏

芳草玉林大市集中秋活动（2024年9月）

览量超 500 万、曝光量超 4000 万。是年，芳草玉林大市集在由四川省商务厅指导、成都市人民政府主办、市商务局承办的第二十届成都国际美食节系列活动中，获年度最火餐饮营销“火火奖”。

“宠物友好商家联盟”

2021 年，芳草街街道蓓蕾社区找到由年轻人组成的在地文化创意与社区营造机构“大城小村”工作室，开启“社区故事学院”计划，参与“人宠友好型社区”项目。团队结识六名“养宠骨干”，把他们拉进同一个“群聊”，又发展出第二个约 50 人的“中间层”“群聊”，养宠人自主拉其他养宠人进群，群聊规模渐渐扩大，辐射社区周边的商家、居民及养宠人的遛弯路线区域，甚至扩展到辖区以外；社区把辖区的宠物医院及收留流浪动物的机构全部添加进“社区养宠群”，里面常会有一些养宠心得交流，或是寻回走失宠物的相关话题。最终，团队以民主协商方式制定 13 条《社区宠物友好公约》。接着，蓓蕾社区与“大城小村”工作室通过走访辖区商家的形式，建立一个“宠物友好商家联盟”，参与的商家门口贴有“宠物友好商家”标识，表示允许客人携带宠物入店，门口放置“大城小村”设计制作的宠物友好家具；“散花书院”二楼的社区办公室也对宠物开放，社区工作者为平日随意

蓓蕾社区宠物友好展示牌（2023 年 12 月） 鲁勇摄

进出的流浪动物准备几只碗碟，里面盛有清水和食物；社区和养宠人共同制定“蓓蕾宠物友好地图”“爱宠友好居民宣传画”等，张贴在彩虹街的墙上；社区宣传牌上绘有宠物漫画，印有《社区宠物友好公约》里的内容，旁边放置存放宠物拾便袋的小铁箱和与人等高的立牌，宣传牌上的小程序码能够查看社区宠物交流活动预告、爱宠人士故事以及对宠物开放的店铺和空间。这些活动激发了众多热心人士投身于社区改造工作，居民自发建立一支约300人的“蓓蕾宠爱志愿者服务队”，协助“大城小村”工作室进行项目调研；社群自主筹款改造一个遛狗小天台，居民主动参与CAD制图和工程造价工作。

单车换咖啡

2022年8月12—26日，芳草街街道蓓蕾社区联合“白夜花神·诗空间”“Familiar咖啡”“地球使用手册”“INFINITE”“Dusty”五家咖啡店推出“单车换咖啡”废旧自行车拯救活动，居民将废旧自行车带至蓓蕾中巷9号门口，可置换爱心商家提供的饮品一份。活动累计回收废旧自行车100多辆，蓓蕾社区联合辖区艺术家将部分自行车改造为自行车花架、自行车艺术装置等；筛选出品质比较好的童车，清洗维修后供有需要的居民申领；对实在无法循环利用的自行车，便作为废品回收，所获资金存入辖区慈善基金，用于公共事务。

除“单车换咖啡”外，芳草街街道还开展“药品换咖啡”活动，号召商家加入“暖心互助志愿队伍”（第一批加入的有“散花书院”、“白夜”、“撑展”、华厦眼科等9家辖区企业商户），鼓励商家和居民将多余的医疗物品及防护物资捐赠至“暖心互助联合商家”处，置换咖啡、盖碗茶等礼品。

露天画展

2023年，蓓蕾社区联合成都高新区芳草小学（北区）与部分社区艺术家，携手打造出一场“露天文明画展”，将文明画作融入街巷，在火烧堰长廊和芳草第四幼儿园周围的墙上张贴许多充满童趣、宣传文明行为的主题绘画。一些“善待流浪猫”“遛狗要牵绳”“爱它宠它，请看好它”等文明画作全部由芳草小学的孩子创作而成，画面呈现出不同的表现手法、不同的色彩构图，大多个性张扬又新颖有趣。

除了孩子的画作，展出的还有社区艺术家的漫画和剪纸作品。在这次活动中，美术师欧阳戈从文明出行、文明礼仪、文明养宠等方面创作《成都文明城市大家谈》的系列漫画作品，通过10幅漫画配以10首打油诗的方式，呼吁辖区居民从点滴做起，践行文明行为。许立颖所创作的剪纸作品，通过传统艺术的方式，呈现24字社会主义核心价值观，让辖区居民能够从中更直观地感受家国情怀与人文精神。这场别开生面的露天墙绘画展让文明宣传和艺术画展跳出展厅空间的限制，直接融入辖区的小街小巷，使辖区居民在日常生活中就能感受到文明与艺术相交融的魅力。

创业服务

“云创青年”中心

由街道2018年原创新创业就业援助服务中心进行改造而成，改造后的中心新址位于创瑞街6号1楼，新场馆总面积近500平方米，设有创客咖啡区、会谈接待区、办公服务区、创客活动区、创客孵化区等几大功能区。

2018年4月，“云创青年”中心举办“芳草云创咖啡”大型活动。西华大学、西南民族大学的2支高校大学生创业团队、1支网络报名创业团队、1支中心孵化创客团队以及社区居民等近100人参加活动。各参赛队伍在活动中针对“停车难”的议题进行讨论和路演，受邀的3位创业导师全程参加各队的方案讨论，并对路演完毕的创业团队给予专业的建议和评分。最终，评出一等奖、二等奖、三等奖各1名。此次活动让创客走进社区，贴近生活，促进创新创业认知的升级，共吸引到2998人观看线上直播。

2019年5月，成都高新区2019年就业创业大赛选拔赛暨芳草街街道“创业芳草·青春有为”复赛在芳草“云创青年”中心顺利落幕。从中选出的四支创业团队，代表芳草街街道参与成都高新区举办的创业大赛总决赛。6月，“云创青年”中心举办“‘扬就业之帆、启梦想之旅’成都高新区芳草街街道2019年第一届‘微招聘、精面试’”活动，活动期间，明悦大酒店、新东方千禧大酒店、成都中海物业、东创建国等 10 家辖区内的大型用工企业提供 100 个岗位的招聘需求。最终，活动帮助 50 余名求职人员与用人单位达成初步工作意向。2020 年，组织辖区内创业者及团队参加“乐业高新，创享共赢”成都高新 2020 年创业就业大赛，Oceanblue 超高速 SD-WAN 传输平台代表芳草街街道参赛，获得成都高新区创业大赛总决赛二等奖。

“云创青年”中心还在紫竹社区建有“双创小屋”，内设竹茗坊、蜀绣坊、书画室和练舞房。“双创小屋”是芳草“云创青年”品牌在芳草各社区的落地延伸。紫竹社区“双创小屋”的创业团队成员均是来自社区农迁院落与物管院落的居民，他们在“云创青年”中心的支持与帮助下，从参加兴趣班，到形成居民组织，再到建立工作坊模式的创业团队，通过这种方式，主动创造就业机会，也带动更多的创业者参与其中，实现社区创新创业的良性循环模式。

2021 年，“云创青年”中心因第三方服务到期而停止运营。

创业格子铺

2016 年，芳草街街道联合公益组织“爱有戏”社会工作服务中心在神仙树西路 1 号打造“芳草创业格子铺”，为 40 ~ 50 岁的残疾人、大病家庭、低保困难家庭等就业困难群体提供免费的微型互助创业平台，由“爱心邻里”提供货物、技术、时间支持，低收入家庭成员代表组成“格子铺合作社”。

芳草街街道举办创业作品大赛，提供一部分创业基金帮助优秀创意作品实现生产，然后放入“芳草创业格子铺”中由就业困难人群经营。街道就业创业援助服务中心对困难人群进行针对性个案服务和职业技能培训，参与成员从不懂销售管理到逐渐能够熟练进货、记账，“芳草创业格子铺”里的商品种类逐渐增多，收入随之上涨。“芳草创业格子铺”还获得成都电视台 2000 元的资金支持和党员创业者支援冰箱、冰柜等设备支持，以及 20 余名创业者提供成本价的货品支持。困难家庭成员轮流经营，月收入可达 3500 元，收入的 85% 按劳动付出进行分配，15% 作为团队公积金，其中 5% 作为“爱心基金”，捐赠给其他困难人群。同时，居民把家里闲置的书籍、玩具捐赠到新建立的“爱心书架”和“玩具屋”，其他居民可以用任意价格把书或玩具带回家，收入全部纳入“爱心基金”。

由于“芳草创业格子铺”人员流动大、困境家庭的特殊状况较多，且后期缺少新鲜事物的投入，部分商品陷入滞销，芳草街街道就业创业援助服务中心为此设立《芳草街街道创业格子铺管理公约》及《芳草街街道创业格子铺合作社章程》，选举产生理事会成员进行运营管理，调整商品的种类和进货渠道，进行亮点打造，进社区广泛宣传、到繁华地段推广等，并确立社区回馈制度（用“芳草创业格子铺”的运营盈利为街道困难家庭送上日常生活用品）。“手艺达人”每周在街道就业创业援助服务中心义务教学，困难居民学习后自己也编织一些简单的工艺品放在“芳草创业格子铺”里出售。2017 年后，“创业格子铺”项目停止运营。

创业集市

芳草街街道的“春风送暖”活动联合“爱有戏”社会服务中心，创办的“芳草创业集市”，专为辖区创业者打造“草根”创业品牌，从 2017 年开始连续举办九届，且有衍生创业集市和线上商城项目的开展。各届创业集市由不同社区协办，分区活动和参与单位逐渐得到丰富和完善，在带动创新就业风潮的同时，为困难人群、青年创业群体等提供特殊帮助，并引入科技元素，从线下拓展到线上活动。

2017 年，芳草街街道第一届集市活动在紫竹广场开启，开展创业故事分享、项目路演、财税咨询沙龙、创业项目推广、创业体验基地授牌等活动，多家团队企业进行现场招聘，街道就业创业援助服务中心还在此举办“芳草街街道创业体验基地”授牌仪式。第二届创业集市暨企业招聘会在紫杉路步行街开启，由紫薇社区协办，设有舞台区、文创作品展示区、推广售卖区、爱心互动区、企业招聘区和服务区。第三届创业集市“创客圣诞，爱在芳草”暨服务创新月主题活动在街道综合文化活动中心广场开展，由神仙树社区协办，得到成都市慈善总会“益路同行、助力民生”项目的支持，新设创客产品专区、公益创业区、儿童互动区，其中街道对口扶贫的玉成乡松林湾村也带来当地的土特产。2018 年，第四届创业集市由盛泰社区协办，与“云创青年”（街道专属的“大众创业”和“大众创新”品牌）民生工程联合开展，新设创客商户区、服务兑奖区等，邀请成都市首批持证“街头艺人”进行演奏表演。第五届创业集市由紫竹社区协办，活动现场新设创业团队表演、创业产品线上线下推广、就业知识宣讲等环节。2019 年，第七届“同心筑未来”创业集市年终答谢会为就业创业宣传志愿者颁发荣誉证书，街道就业创业援助服务中心孵化培育的科技“文创”团队引入 AR 技术，观众直接体验人工智能在日常生活的各种便利。第九届创业集市以“七周年与你同行 & 青创商城优秀项目展示”为主题，街道就业创业援助服务中心邀请四川省青年联合会、四川省青年企业家协会、四川省青年创业就业基金会、新疆维吾尔自治区青少年发展基金会等共同出席，邀请线上平台“青创商城”参加。

2019 年 4 月 27 日，街道针对就业困难居民和残障人士，在紫竹广场举行“链动芳草 · 爱心创业”第一季创业集市，其间，有与帮助残障人士相关的单位参展，“链爱公益”的协作推广，给芳草街街道就业困难居民及残障人员提供有效的服务和多种稳定的工作途径，街道就业创业援助服务中心孵化的创业团队音乐工作室首次在集市上演出。受新冠疫情影响，街道首届主题创业集市“青创芳草 · 云聚芬芳”在线上商城开张，创业青年、文创团队入驻首场线上创业集市直播间，在线销售特色农业产品、纯手工制作的木艺、扎染产品等。

FUN 市集

2018 年 4 月至 2021 年 3 月，芳草街街道联动“小酒馆”、芳草小学等 60 余个单位，吸纳专业社区营造师、社区达人、居民骨干等人员创建沙子堰社区营造小组，根据“老芳草人”童年时逛夜市的乐趣，创立成都首个社区级文化市集“芳

沙子堰文创街夜景（2023 年 12 月 24 日）

草·FUN 市集”。

FUN 市集位于沙子堰中巷 100 多米长的老街上，汇聚了设计师、手工匠人、街头艺人，以及热衷于手工制作的居民，每期市集均围绕不同的主题开展文化活动。在实施公益项目的同时，还开展志愿者服务和招募活动，为居民搭建爱心互助交流平台。FUN 市集相继被《中国社区报》《华西都市报》《高新报》等媒体宣传报道，在成都市引起反响，吸引众多中外访客。同时，原新能社区（现沙子堰社区）也打造出“芳草·FUN 市集——创业小屋”项目。

“芳草·FUN 市集”还实施“FunPlus+”营造计划，通过 20 场系列活动，打造出“Lighten my world（来买我的）跳蚤市场”（售卖旧书、旧摆设、旧物件等）、“潮范音乐演绎”、“原创手作演绎”等 6 个平台，形成品牌项目，成为居民日常生活中的一部分和小有名气的文化景点。另外，在 FUN 市集的入口引入“警察小店”，摊主团队由芳草街街道派出所民警带领辅警、网格员组成，民警、辅警为居民和游客讲解反诈知识，并以书面答题等多种游戏方式进行现场互动。

2022 年，天府文创大集市・芳华集

风土人情

芳草街街道的民风民俗和方言习惯与成都市民普遍的人文大体一致。其中，饮食和服饰习俗由单一走向多样，居民住房由自建发展至统建，出行工具从鸡公车到小汽车，交际方面主要有庆生祝寿和打干亲家的习俗；“红白喜事”也从繁琐走向简约；口头语言主要为成都方言或带有地方口音的普通话。同时，在居民生活中流行起来的特色美食也蕴藏着群众智慧，如蛋烘糕、竹笋鸡、红杏鸡、怪豆花等。

民风民俗

生活习俗

饮食　芳草街街道居民主食以大米为主，小麦为辅，间搭红薯、玉米等杂粮食用，一般采用蒸饭或焖饭的形式。

20 世纪 70 年代末至 80 年代初期，辖区居民购买食物需要用到各种票证，常见的有粮票、肉票、油票、肥皂票、香烟票、花椒票、酒票等，且每人每月的购买数量都由票证限定。当时为补充油水，居民日常买肉都会尽量挑选肥肉，越肥越好。肉店每天开门之前，附近居民便早早排起长队，肉店一开门，排队的人群便蜂拥而上。为能让师傅割稍微肥一点的肉，有的买家甚至在钱和肉票里面夹上一支香烟。因此，肉店的卖肉师傅在当时也成为一个十分走俏的职业。当时，辖区居民一般喝一角钱一两的玉米酒或者红苕酒，这些比较便宜的散装酒被称为“跟头酒”，少数经济条件较好的人家会喝瓶装酒。有时，一些人家买到会下蛋的母鸡，经常舍不得杀之食用，常把

1974 年，成都市临时肉票　　鲁勇提供

20 世纪 70 年代至 90 年代，四川省和成都市的粮票　　鲁勇提供

鸡养起来，家里有一只下蛋的鸡都会被大家称为“鸡屁股银行”。

90年代初，居民日常饮食以米饭、川菜为主，偏麻辣风味，肉食以猪肉为主，兼食牛羊肉、家禽、海鲜等。蔬菜特别讲究新鲜和品种多样，炒菜用油多以菜籽油为主。切面、饺子、馄饨等面食仍以传统方式存在，且多为居民的日常早餐选择。辖区居民有制作泡菜的习惯，在一些居民家中，泡菜同样是每餐不可或缺的下饭菜。春节前夕制作腊肉、香肠的习俗一直延续，许多菜市场都会提供制作服务，或直接贩卖成品。随着改革开放的深入，居民生活水平不断提高，90年代中期，粮票、肉票、油票等票证相继停止使用，辖区居民日常购买生活物资也不再限量。

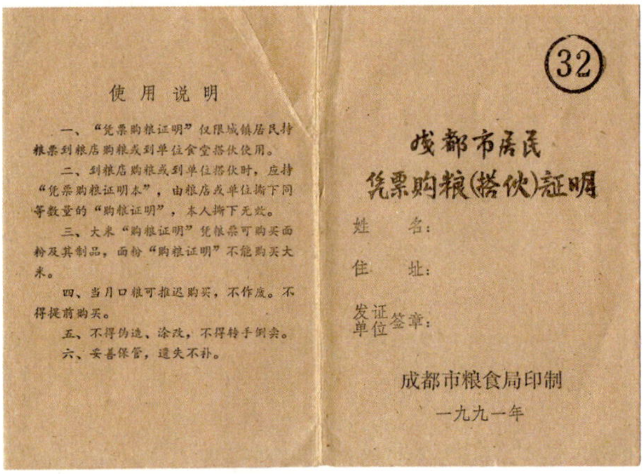

使用说明

一、“凭票购粮证明”仅限城镇居民持粮票到粮店购粮或到单位食堂搭伙使用。

二、到粮店购粮或到单位搭伙时，应持“凭票购粮证明本”，由粮店或单位撕下同等数量的“购粮证明”，本人撕下无效。

三、大米“购粮证明”凭粮票可购买面粉及其制品，面粉“购粮证明”不能购买大米。

四、当月口粮可推迟购买，不作废。不得提前购买。

五、不得伪造、涂改，不得转手倒卖。

六、妥善保管，遗失不补。

32

成都市居民

凭票购粮(搭伙)証明

姓　名：

住　址：

发证单位签章：

成都市粮食局印制

一九九一年

20世纪90年代，成都市居民凭票购粮证明　鲁勇提供

进入21世纪，居民对米、面的消费需求逐渐降低，对肉类、蔬菜以及奶制品的需求增加。在早餐方面，豆浆、牛奶等饮品广受欢迎，包子、馒头、花卷、鸡蛋、面包等亦成为常见食品；午餐和晚餐仍以米饭为主，同时面食的品种也日益丰富。此外，宵夜作为一种新兴的消费趋势，逐渐受到商务人士青睐。在饮品方面，果汁饮料、粮食饮料、蔬菜饮料、汽水等品类日益增多，且随市场变化不断更新；啤酒、果酒和各类洋酒也成为居民的日常饮品。同时，随着经济的发展和人口流动频繁，各地菜系传入辖区，中、小型饭店与快餐店不断增加，居民的饮食选择日趋多样化。特别是在节庆时期，居民选择外出至饭店、酒楼用餐成为普遍现象。

服饰　中华人民共和国成立之前，芳草街街道地区位于成都郊区，多数居民为农村人口，居民的穿着服饰更趋于乡村化。少数富绅喜穿绸缎和机器纺织的细布制成的长衫、马褂，女士穿旗袍，外套马甲，俗称“夹夹儿”，以彰显身份。多数普通人家则穿手工缝制的纯棉粗纺土布衣服，以天然棉白、黑色、灰色和深蓝色为主。上装多为无领对襟，男式上装分为长短衫、袄子和汗褂、背心四类。女式衣服无论长短，均是大襟斜扣，俗称“妈妈式”，质地仍为棉纺土布。不论男女，裤子

多为深色、宽腰、大裤脚，裤腰须二叠后用布带扎于腰间。农民农闲多穿布鞋，雨天出门打赤脚或穿棕鞋。冬天穿棉鞋，穷人多穿单鞋、草鞋。成年人头上多包白布帕，有部分男子戴瓜皮帽、毡帽，太阳下劳作戴草帽，雨天劳作则戴斗笠、披蓑衣。逢年过节之际，富裕人家会讲究穿新衣，通常会在春节前，请裁缝到家来为全家人缝制新衣。

50年代，居民服装仍以中式为主。夏天多穿草鞋，冬天穿自制布鞋、棉鞋。冬季戴护耳棉帽，头上包白帕的逐渐减少，妇女多围围巾。60—70年代，辖区普通居民常见的穿着主要有中山装、军用胶鞋、球鞋，经济条件较好的人家会穿夹克衫、的确良、涤纶布料、皮鞋。70年代末至80年代初，辖区居民买衣服买布料同样需要布票。普通居民家中，如果有一个人要做一套新衣服，经常会需要用到一家人的布票，往往是一个人做套新衣服，其他人便无衣可做。一件衣服通常是缝缝补补，反复穿，多子女的家中，还会将哥哥姐姐穿过的衣服继续传给下面的弟弟妹妹穿。工作服和中山装是当时普通居民最常见的穿着，颜色普遍是蓝色和灰色，衣物表面也常有缝补、打补丁的痕迹。每当过年的时候，小孩子能穿上一件新做的衣服，是一件非常值得高兴的事。

80年代中后期，随着改革开放的深入，居民生活水平迅速提高，衣服的种类日益丰富，款式面料都开始与国际接轨。青年人喜穿喇叭裤、牛仔裤，冬天则穿防寒服、羊毛衫。老年男性常穿夹克衫，冬季穿各种质地的长大衣。女性多穿中、高跟皮鞋。

进入21世纪，随着经济的发展和城市化进程的加快，城乡差别日益缩小，辖区除部分中老年人还保留原有的服饰习惯外，大多数中青年不再只注重保暖和实用，更注重美观和时尚，服饰也趋向多样性和个性化。女性常穿西服套装、裙子、牛仔休闲衣裤、运动服装、大衣、防寒服、风衣等，各种款式、质地的皮鞋、高跟鞋、凉鞋、休闲鞋不断推陈出新。佩戴项链、戒指，各种款式的手提包以及太阳镜，染发、烫发也成为年轻女性的时尚。青年男性多喜欢牛仔、休闲、运动服装，以及帽、背包，部分男性也会佩戴项链、戒指。

住房建房　中华人民共和国成立之前，辖区的农村住房多种多样，一些穷苦人家建不起房屋，只有用几根树棒搭成窝棚居住；家境稍好一些的，会修建草房、瓦房。草房屋顶盖草，墙则是土墙、泥笆墙等。瓦房通常为木梁穿斗结构，以土墙、

石墙等为主。富裕人家则会修建四合院，有的还会修寨子。农村居民居住比较分散，多的一般也只两三家聚居。房屋大都选择在坐势向阳、方便取水、砍柴的地方。屋前有晒坝，屋基较高，屋前屋后常会栽种竹子、灌木或以竹编围绕而成的篱笆。

辖区居民修房造屋都会请阴阳先生看风水，且有“左青龙，右白虎，前朱雀，后玄武，山管人丁水管财，富贵荣华水上来”的民间说法。选定宅基地后，不但要择吉日良辰开工，竖柱、上梁都须选择适宜的日子并举行仪式。筑房基下基脚要唱“下基脚歌”，砌墙时在堂屋后墙正中条石要先放，称为“安堂”，放进要唱“安堂歌”。木匠立柱时，要唱“竖柱仪式歌”。上梁时要唱“上梁歌”，还要用一只公鸡做“上梁鸡”，一块煮熟的上好猪肉做“刀头”，用来祭献神灵，祈福平安。

事后，主人还要给所有匠人和掌墨师派发红包，送上煮熟的汤圆、面条或醪糟蛋以表慰劳和感谢。建造好住房后，要设祭敬奉土地神，避免因建宅动土，冲撞土地神与各方神灵。新房建成一个月左右，主人会挑选吉日乔迁入住。随后，亲朋好友带上鞭炮、对联等礼物前往祝贺。

50 年代，除要择日入住外，请人看风水等带有封建迷信的习俗逐渐消除。但一些人家还会选定吉日将大门钉上，以 12 厘米左右、方形的纸片写上“开门大吉，诸般顺利”字样，贴于门缝中央，门内有人，内问外答，说些吉利如意类的话语，之后才开门进屋，称为“钉大门”。一些农村居民新房建好后要架新锅，用新灶煮饭菜，摆席宴请亲朋好友，称为“揪锅底”。

此外，还有一些住房建房的禁忌，如忌房前植树正对房屋大门，认为树在门前会阻挡财路、官路；忌借房给别的男女同住，防止犯煞气；宅基内的蛇只能驱赶不能打，认为它是由家中的亡者变成的；房中安床忌对大门，认为如此摆放是停尸的摆法；忌将床横摆在梁下，认为横梁压身容易做噩梦；忌逢七日出门、逢八日归家；乔迁婚庆忌单日，双日暗合好事成双；忌逢戊日动土与做针线活，尤其忌每年的第一个戊日，称为“禁头戊”。

70 年代，辖区农村居民住房以瓦房为主，成都电缆厂的职工由单位分配住房，多为 20 平方米左右的宿舍，还配有床、书桌、板凳等生活家具。普通居民家中的家具通常是自己搜集废旧木料，交由木匠打造而成，家具表面流行刷生漆。当时，辖区居民的家中，家用电器并不丰富，最常见的电器就是收音机。旧时的一些住房习俗开始不再被年轻人看重，仅在部分农村区域存在。90 年代中期，城市商品房建设蓬勃发展，辖区内住宅小区与电梯公寓显著增加。

进入21世纪，辖区内的民用住宅呈多元化发展，其中高端别墅和多层、高层公寓等楼房及电梯公寓大量涌现，整体民居向着配套设施完善、居住舒适的高标准方向发展。同时，随着居民生活水平的提升，空调设备逐渐普及至普通家庭，居民装修新房时普遍会安装空调。2002年，芳草街街道的农房拆迁工作全面完成，部分农户因拆迁搬入安置小区。辖区内多数小区绿化、交通、游乐场地及管网配套设施齐全。与此同时，住房装修档次也日益提高。为满足日常活动、会客及娱乐需求，居民在装修房屋时，客厅往往采用加宽设计，并配备多种式样的灯具以营造舒适的氛围；在厨房和厕所（浴室）的装修中，更倾向于选择精美且实用的厨具和洁具。此外，街道居民通常会在院内或阳台种植各类花木，以美化居住环境。在住宅安全方面，防盗门、窗（栏）成为标配，智能门锁、智能家具等也逐渐普及，部分小区还引入了智能门禁系统。

出行　20世纪30—40年代，除步行外，乘坐鸡公车是辖区较为常见的交通出行方式。鸡公车是一种独轮木车，分为载人与载货两种，结构基本相同，皆为硬木车架，车头下端有一木轮，车体后端有两根推车把手，把手末端的铁环上系有一根背带，推车时将背带负于肩部，可以减轻手部受力并保持平衡。载人用车相对小巧，中间的独轮上方用木头做成拱状，以防止转动的车轮擦到乘坐者的裤脚，车的前端有两根横木，用以放脚，车轮后端斜立着一块木架竹编靠背。坐车人主要是老弱者、妇女和儿童。载货车车体比载人车更宽大一些，两边各有一装货的木架，通常可以运载250公斤左右的货物。经济条件较好的人家出门一般是乘坐滑竿，也有少数人骑马出行，马车少有使用。

1917年，用鸡公车出行的成都市民　【美】甘博摄

60—70年代，自行车开始普及，成为辖区居民的主要交通工具，也是居民家庭的重要财产之一。当时，“永久”“凤凰”“飞鸽”三个牌子的自行车被公认为质量最好，

也最受欢迎，一辆“永久”牌自行车售价200元左右，大部分居民需要累积好几年的积蓄才能买得起，若家中购买自行车，全家人都会特别高兴。

80年代，公共汽车、出租车开始普及，公交客车成为普通居民出行的主要交通工具，乘坐出租车的多为临时出行的经济富裕者或外地客商。90年代，摩托车、

1984—2018年，芳草居民出行交通工具的变化　袁顺柱提供

汽车开始流行，多为个体老板、建筑工头所用。传统款式的自行车逐渐被市场所淘汰，山地车、变速车、折叠车、赛车等新款车型受到年轻人青睐。

21世纪后，辖区公共交通飞速发展，居民的出行方式有了更多选择。电瓶车、小汽车也逐步进入寻常百姓家中，成为许多人的常用出行工具。

交往习俗

辖区居民在日常的人际交往中，主要有庆生祝寿、打干亲家的习俗。辖区居民会在生日这天邀请亲朋好友一起吃饭庆祝，亲友赠送礼物或礼金，表示祝贺。一些人家还有“男做九，女做十”，或叫“男做虚，女做实”的习俗，过生日者年寿越高，祝贺的场面规模越隆重。生儿育女的人家通常会在婴儿出生三日、十日、一个月、一周岁时进行庆贺，分别称为“洗三”“打十朝”“满月酒”“周岁酒”。当子女生辰八字出现五行缺失，或同父母五行相克的情况时，除在取名时刻意以字补缺，或加字、号弥补外，还会去拜与自己五行相合，可帮助子女补足五行缺失的干爹干妈，以求保佑子女平安，称为“打干亲家”。民间拜干爹干妈通常有比较固定的仪式，一要择黄道吉日，二要摆供果、香蜡、纸烛、酒水，三要有亲戚朋友现场见证，四要行跪拜之礼，五要给干儿干女赠筷子、碗、米和长命锁，六要给干爹赠帽子，给干妈赠鞋子。一旦认了干爹干妈，过年、过节、寿诞、生日等都要送财物礼品（金）。干爹、干妈年纪大了，还要协助他们的家人进行照料，从经济上也要给予一定支持；而干爹干妈，对于干儿干女的学习、就业、娶妻、生子、购房等重大活动，也都要参与过问，并给予必要支持与资助。20世纪70年代，打干亲家多为与子女父母辈关系密切者。21世纪后，“洗三”“打十朝”已较为少见，但“打干亲家”的习俗仍绵延于民间。

婚丧习俗

婚嫁　中华人民共和国成立之前，辖区内的婚嫁以传统媒妁之言确定婚姻，讲究“父母之命，媒妁之言”“门当户对”等，自主婚姻被认为是忤逆不孝，败坏门风，男女双方需通过媒人介绍。订婚前，双方家长会找算命先生“合八字”，推算判别男女双方的命相是否相合，八字相合即可进行定亲，男方需向女方送聘礼，也称“开庚”。定亲后，双方家庭会挑选吉日，随后围绕婚期进行前期筹备，由男方备办新房、婚宴，通常会请附近较受尊敬、儿女双全的中老年女性来铺设婚床，床上撒满红枣、花生、桂圆，寓意“早生贵子”。女方则会备齐全套被褥、家具等随嫁品。

结婚当天，新郎要由媒人带领用花轿去迎娶新娘。花轿通常覆以红色绸缎，悬挂彩色流苏，由四位轿夫抬。轿子到达女方门口，先要燃放爆竹，散发红包，女方随后开门。新娘通常会哭轿同父母作别，又称“哭嫁”，辖区有“不哭不发，越哭越发”的说法。新娘上轿后，娘家送亲队伍会安排力夫用竹竿木棍抬着家具、被褥等随嫁物品同行。

待迎亲队伍返回男方家中，即举行拜堂仪式。在司仪主持下，新郎新娘在堂屋跪拜天地、祖宗、双方父母，然后夫妻对拜，喝交杯酒，入洞房。中午，男方家中会举办婚宴，也称“喜酒”，用以招待参加婚礼、祝贺送礼的亲朋好友。晚宴后，新郎新娘进入洞房，闹房仪式开始。大家不分男女老少和辈分，通常会设计一些逗乐戏谑的小节目，如让新郎新娘过独木桥、抢吃一枚悬挂着的糖果等。婚后几天，新郎需随新娘返回娘家，备上一份礼品，称为“回门”。

中华人民共和国成立后，政府提倡自由恋爱、自主婚姻。男女双方多经朋友、同事介绍后，开始交往，俗称“耍朋友”。经过一段时间了解、相处、相知，男女双方如有意组成家庭，便前往婚姻管理机关登记结婚，办理结婚证后，就算正式结婚。50 年代，男女择偶一般以家庭成分为重要标准，婚嫁习俗也有所改变，订婚一般不举行仪式。提倡新事新办、简办，通常只邀请亲朋好友，置办简单的婚宴，抬花轿等旧时习俗已逐渐废除。

60—80 年代，机关、军队干部或工人成为择偶的参考标准，机关、事业或企业的人员结婚，一般会请双方亲友和单位同事参加结婚仪式，大家喝茶、抽烟、吃喜糖，以示祝贺。城市居民或农民则只请各自至亲来一起吃饭，以示已结婚，称为“打响”。亲朋好友参加婚礼，常赠送生活用品以示祝贺。通常情况，一些亲朋好友会各出一些钱，叫作“凑份子”，大家一起买一件大点的礼物。一般单独送的礼物，常见的有漱口杯、茶盘、烟灰缸等。90 年代后，择偶多参考经济收入以及家庭的经济条件，迎亲开始用披红挂彩的轿车车队接送。除接新娘的车外，还有载嫁妆和客人的随从车，有的多达一二十辆。新娘穿婚纱，和新郎一起拍婚纱照逐渐成为婚礼的必要流程。

进入21世纪，互联网的发展促使婚介领域产生变革。众多青年男女通过多元化的网络相亲平台相互结识，进而缔结婚姻。同时，随着社会进步和人们生活质量的提升，婚礼的形式逐渐趋于隆重与华丽。青年倾向于在酒店、饭店等场所举办婚礼，并委托专业的婚庆公司策划执行。婚礼风格多样化，中式、西式、古典、现代等各具特色的婚礼形式均受到居民青睐。婚宴菜品亦日趋丰富，不再局限于传统的“九大碗”。此外，由于许多传统礼仪程序由酒店或专业公司代理，旧时的“闹洞房”“闹新娘”等习俗逐渐淡化。

丧葬 中华人民共和国成立前，家中年长者去世时，家人须立即放响早已备下的鞭炮，同时点上香烛，燃烧冥纸，俗称“倒头纸”。随后，须将逝者生前所用的药罐击碎并远远丢弃，将逝者生前所穿的衣物扔上房顶，等到出殡时才一并烧去。再后，由逝者近亲中的同性亲属为其擦洗身体，换上备好的新装。家人这一时期内不能身穿鲜艳的服装，后辈须穿白色孝服，包白色“孝帕子”，腰系麻绳。

逝者一般会停放在正屋，称为“灵堂”，如正屋无法摆放，则需另设其他地方做灵堂。逝者遗体须正对灵堂大门，俗称“停丧”。逝者身上覆以白被，脚下放一盆、一灰钵用来烧冥纸、燃香烛，床板下放置引魂灯。逝者头上的一方，以白色布幔悬垂，中间书写“奠”字，两边挂用黄纸或白纸书写的挽联。遗体一般停放三天，其间亲朋会前来悼念，悼念活动被称成“打丧火”。悼念者会送一些祭奠礼品，称为“丧礼”，一般是一截布料做成的“祭幛”。晚上，逝者的亲属会参加值夜活动，称为“守灵”。守灵期间，会请民间乐队演奏哀乐，有的人家还会请人表演清唱川剧“打围鼓”等节目。长寿老人因病去世称为“喜丧”，喜丧悼念活动通常比较隆重，一些家庭会邀请和尚、道士或端公在家做道场法事。

悼念结束后，便会将遗体运出，送往安葬之地，这一过程称为“出殡”。出殡通常会选在逝者死后第三天的黎明，棺木由四人抬起，上面捆上一只雄鸡。出殡时，会燃放鞭炮，乐队吹奏哀乐，亲朋组成的送葬队伍跪道哭送，沿途抛撒冥纸。到下葬地后，须由端公用罗盘测算，再进行下葬，最后覆盖坟顶的土要由亲属来完成。下葬后，再杀雄鸡淋血于坟四周。

送葬归来，丧家会在门口用柏枝点燃一个火盆，人们由此跨过，认为此举可以祛除秽气。之后，丧家亲属用备好的小梳梳一下头，以求驱走霉运。逝者去世后第七天，被认为是死者回门的日子，俗称“回煞”或“回殃”，全家人均出门回避，晚上回家须燃放爆竹后方能进屋。从逝者去世每七天为一个悼念日，称为“头七”“二七”“三七”，等等，一直延续到第七个，即四十九天后，家中才恢复常态。如果是在外地死亡的，特别是遭遇车祸、凶杀、水淹、火烧而死去的人称为“凶死”，一般不再抬入家门，会在室外搭建临时的灵堂。尚未成年者去世称为“夭亡”，通常不会举行大的悼念活动，仅在其他祭悼活动中，附带烧一些冥纸。

50 年代，随着基础教育的普及，一些烦琐带有封建迷信色彩的丧葬习俗被废止，丧葬活动趋于简化。60—70 年代，追悼会和火葬开始兴起。至 90 年代，辖区已普及火葬。在丧事礼仪方面，家中有人逝世，家人会在门上用白纸条斜架“十字”，表示临丧。亲朋好友或邻居前来送礼，一般是带有挽联的花圈或现金，丧家会置办宴席招待，称为“吃毛坯子”。

出殡当天，丧家和亲朋好友坐车送丧，送丧队伍最前面的是彩旗、统伞和乐队，然后由亲属端着灵牌，举引魂幡，后面是送丧队伍，边走边吹奏哀乐。转游一定路程，但不能走重复的路，才将死者送至墓地。下葬时风水先生会一边念诵葬词，一边抛洒白米，亲属要跪在坟墓前低头，双手牵衣裾接住白米，将罐、坛、杯盘之类的陪葬品放入墓穴，随后丢钱币，放置骨灰盒，再动土埋坟，坟土垒成锥形。21 世纪后，许多人家常会让殡葬公司帮忙操办，提前联系陵园选购墓地，制作墓碑，选择下葬的日期，丧葬仪式以简洁、环保为主，旧时烧香、撒纸钱等习俗几乎被废除。

岁时习俗

芳草街街道居民在日常生活中，有着各式各样的岁时节日习俗，除春节、清明节、端午节、国庆节、中秋节这些重要法定节日外，还有六月六、乞巧节、中元节、牛王节、重阳节、冬至、腊八节等传统节日同样受到居民的重视。

国庆节　中华人民共和国成立后，公历十月一日被定为“国庆节”，意为中华人民共和国成立庆祝日。国庆节属法定节日，普天同庆。辖区各机关、厂矿、学校悬挂国旗、大幅标语、插彩旗、挂红灯、扎彩牌，出庆祝专刊，开展文体活动，热烈庆祝。

春节　农历正月初一被称为“春节”，大家都会穿上新制或浆洗干净的衣物，大人会给孩子一些零花钱，称为“压岁钱”，谐音“压祟”，认为可以镇住邪祟，为孩子免去灾害。许多人家会在早上吃汤圆，认为汤圆的“圆”有团圆和元宝的含义，寓意全家团圆，新年财运通旺。除汤圆外，春节期间的传统食品还有用糯米粉、干果、蜜饯、糖制作的年糕，寓意“年年高”；也有以面粉烙成薄饼夹上凉拌菜丝的春饼。春节当天不扫地，认为扫地会扫去财运。当天打的第一桶水称为“金银水”，不能倒地下，要用桶装起来，过了初一才能倒，否则就会认为倒掉了财气。春节期间，辖区有游喜神的习俗，一些公园和庙宇等公共场地还会组织舞龙灯、舞狮子、划旱船、踩高跷、猜灯谜等活动。儿童们的传统玩具有响簧、大头和尚、戏脸壳、兔儿灯、萝卜枪等。手巧的妇女们会自剪窗花贴在玻璃上，常以三星高照、松鹤延年、五子登科等内容作为题材，还有年画都颇受欢迎。

辖区居民通常会在正月初二开始走亲访友，俗称“拜年”或“走人户”。正月初五，部分商铺或人家会选择开工，称为“破五”。一些人家会在这一天吃饺子，称为“捏小人口”，以求免谗言之祸。这一天还会打扫卫生，将春节期间的垃圾扔掉，称为“送穷”“送病”或“送五穷”（智穷、学穷、文穷、命穷、交穷）。正月初七称为“人日”，一些居民会在这一天游览草堂。正月十五称为“元宵节”，许多居民都会吃汤圆，晚上前往公园赏灯、参观游艺活动。

清明节 清明节一般在农历二月末或三月初。清明时期，辖区居民会去墓地祭拜先祖，悼念已逝亲友，俗称“扫墓”。扫墓时，要先清除草地及周围杂草、败叶，然后再点香烛、插引魂幡、烧冥纸、燃放鞭炮，有的人家还会将纸做的衣物、鞋、房子等一起烧掉，用来寄托对逝者的思念。除扫墓外，许多居民还会携家带口外出赏春踏青。21 世纪后，烧纸钱、放鞭炮等旧时习俗已逐渐消除，普遍使用花束、花篮来作为祭奠品。

端午节 农历五月初五称为“端午节”，又称“端阳”，是纪念屈原投江的节日。许多居民会在大门两边分别挂上艾枝、菖蒲两种驱虫除病的草。菖蒲叶像剑形，也被称为“蒲剑”，被认为还可以驱邪。一些人家还会用麻柳叶、五皮风、桉树叶、菖蒲、陈艾叶等熬水洗浴，以防生疮生疖。端午期间，手巧的女孩还将一种香草根晒干打成粉，装于布料缝制的小心形袋中，挂于胸前，称“香包”。老年妇女则会用小片的花布缝制，折成粽形，缠以各色丝线，同香包一样，挂上五色彩线流苏，挂在儿童胸前作为装饰。粽子、皮蛋、盐蛋、雄黄酒、炒苋菜是节日的特色食品，有条件的人家还会吃鳝鱼。确定恋爱关系的男方或新婚的女婿，要去给岳父、岳母拜节，通常要送盐蛋、皮蛋、粽子等礼物。岳父、岳母则要回赠伞，称为“钩钩伞”。21世纪后，回赠“钩钩伞”的习俗已经少有见到。

七夕节　农历七月初七称为“七夕节”，又称“乞巧节”“少女节”“女儿节”，传说每年七月初七的夜晚是天上织女与牛郎在鹊桥相会之时。中华人民共和国成立前，辖区的妇女常会在院中设上香案，摆上瓜果朝天拜祝，向心灵手巧的织女乞求针织巧艺，年轻男女则会求赐美满姻缘。90年代后，乞求针织巧艺已少有见到，“乞巧节”也逐渐转变为“七夕节”，年轻恋人之间，男方会向女方送花，相邀过节，也被称为“中国传统情人节”。

中元节　农历七月十五称为“中元节”又称“盂兰盆节”或“鬼节”，是辖区居民祭奠、缅怀故人的节日。中华人民共和国成立前，许多人家从七月初十便开始置备酒食，焚烧用白纸包封写有祖先名讳的纸钱、金银纸锭，用来祭奠祖先。一些富裕人家还会准备猪头、全鸡、水果、糕点，请僧尼道士来家念经超度亡魂。七月十五当天，佛寺会举办盂兰盆会，诵经超度亡魂。50年代，盂兰盆节曾被废止。80年代后，又被恢复。

中秋节　旧时有中秋送礼的风俗，主要是女婿向岳父母家送节日食品，岳父母家回赠衣物。20世纪80年代，中秋月饼的品质和包装档次越来越高，中秋送高档月饼礼盒逐渐成为一种时尚。

重阳节　农历九月初九称为“重阳节”，暗寓“久久”长寿，是民间传统敬老日。中华人民共和国成立前，登高赏菊为主要活动内容。80年代后，每逢重阳，政府有关部门都会为辖区的老年人组织各种游玩或文化活动，民政部门也会在这一天登门探望高寿老人，为他们送去关怀，重阳节尊老敬老逐渐成为辖区传统活动。

牛王节　农历十月初一称为“牛王节”，民间传说这一天是牛王菩萨的生日。许多人家都会用糯米打成糍粑，养牛的人家会在两边牛角尖上各戴一坨，然后将黄菊花绑在牛头中间，让牛吃水，照影，休息。随着辖区城市化，这一习俗已逐渐消失。

冬至　冬至是二十四节气中的第22个节气，于每年12月21—23日交节，这天也是“数九”的第一天。除进补牛羊肉等肉食外，一些人家会将几根白萝卜晾蔫，放入泡菜坛里或挂在壁上，遇到有人生冻疮时，捞出煮热，用来烫冻疮，称为“冬至萝卜”。还有一些人家将鲜桑叶用竹篾串起，用来熬水当茶饮，可清热生津，用以中和肉食，称为“冬桑叶”。冬至寒冷，同时也是腌制腊肉的最佳时机，民间有一说法：“冬至肉不割，枉自世上活。”90年代后，冬至吃羊肉火锅十分盛行，一些地方称为“羊肉汤”。

腊八节　农历十二月初八称为“腊八节”，辖区居民常用粳稻、糯米、杂豆、栗子、白果、莲子、薏米、腊肉等原料混合熬成粥，称“腊八粥”，至今街道仍有部分居民保留着制作腊八粥的传统。

除夕　农历十二月的最后一晚被称为“除夕”，外地游子纷纷返回故乡，与亲朋好友团聚。中华人民共和国成立前，许多人家会在院落门前贴上对称的人物画，称“门神”，认为门神能够护院镇宅、阻挡邪祟入门。除夕晚上，家家户户都要做一顿一年中最丰盛的饭菜，摆上最好的酒，全家人团聚在一起，热热闹闹地吃一顿饭。有的人家会一直吃到深夜，称为“吃年饭”。饭后，燃放烟花爆竹也是一项重要活动。一些人家还会围火团坐，“守岁”直至天明，表示对逝去岁月的惜别，对新的一年寄托美好希望。20世纪80年代开始，许多居民都喜欢在除夕夜晚观看中央电视台播放的春节联欢晚会，直到新年钟声响起，家家户户燃放烟花爆竹，庆祝辞旧迎新。90年代后，随着城市化的发展，迎“守岁”的习俗逐渐淡化，由于不利于环保且易引发城市火灾，燃放烟花爆竹也被废除，全家团聚、一起“吃年饭”的习俗未变，一直得以留存。

传统匠艺

折纸技艺

折纸艺术是很受民间喜爱的一项传统技艺，在国内很多地方都有普及。芳草街街道辖区的折纸技艺有别于其他地区，折纸作品多以动物为主，折纸基本只用一整张纸，折出形态后再用剪刀加工，折好的动物拆开还原后还是一张纸。这项手艺的代表人物，是1995年退休的晨光化工研究院高级工程师郑崇智。

郑崇智从小十分爱好手工技艺，从5岁开始就跟着奶奶学习制作手工艺品，创作的折纸作品已有上千幅。2008年，他所创作的折纸作品《狗》入选并刊登于四川省老龄委主办的《东方乐园》杂志，一同刊登的还有他所编织的中国结、编织作品《绣球》和剪纸作品《兔》。2009年，在神仙树紫竹广场，他将所创作的龙虾、螃蟹、贝壳、海胆、海星等折纸集中在纸板上，和一同排练的老年模特们拿着纸板走秀，戏称为“海鲜走秀”，受到附近居民的交口称赞。

郑崇智常在周五上午前往芳草街街道就业创业援助服务中心，免费向附近社区的居民教授折纸、中国结等传统手工技艺。为方便教学，他还专门花七天时间，制作二十八个中国结实物教学教具。他折纸做工艺品大多都是使用废纸，希望通过这样的方式，传承、发扬民间手工技艺，增强社区居民的环保意识。

篆刻艺术

篆刻艺术是一种以篆书书法和镌刻相结合，从而制作印章的技艺，是由中国古代的印章制作技艺发展而来，以印石为主要材料，以刻刀为工具，以汉字为表象，篆刻艺术于方寸间施展技艺、展现情感，深受传统文人及普通民众的喜爱。汪木即、刘廷荣，作为芳草街街道辖区的篆刻艺术代表人物，在钻研篆刻这项传统匠艺上，各自都取得显著的成就。

刘廷荣的篆刻作品——《芳草八景》
刘廷荣提供

汪木即的作品特色以隶书笔法成篆，以篆书运笔书隶。2008年3月，由中华艺术家联合会、中国书法美术家协会、中国名家书画院和攀枝花市委宣传部等单位主办的“汪木即书法篆刻精品攀枝花邀请展”在攀枝花市隆重开幕，此次邀请展是攀枝花市建市以来规格最高、规模最大、影响最广泛的一次书法篆刻作品展，中央电视台、香港和四川省内媒体均到场进行采访。2010年3月，汪木即独创的《百寿图》篆刻画获得国家专利，在美国拍出3.6万美元的价格，被收藏家收藏。《百寿图》篆刻画远看是一个遒劲有力的“寿”字，近看则为100个活灵活现、形态各异的小“寿”字。其中，还将龟、鹤等象征长寿的图案巧妙地融入，远看、近看分别呈现出不同的视觉效果，十分精美。

刘廷荣的篆刻作品多取材于芳草街街道辖区内以及成都市内其他区域的一些特色景点，其篆刻作品《成都十景》《高新八景》《芳草八景》等，借金石华彩，描绘幸福生活，深受民众喜爱。在他的作品中，有一些街景和景物随着城市化建设已消失不见，但都被刘廷荣用篆刻的方式重新在石印上呈现出来。他的篆刻作品不仅是民间匠艺的传承，也记录着芳草街街道辖区的发展和变迁。

硬笔微书

芳草居民邓禄鑫在传统微书的基础上，融入硬笔书法进行创新，其代表作品《四书五经》《唐诗扇》等远看是画、近看是字、画中藏书、书里存诗、诗后有印，画中所有的线条都是用芝麻大小的字组合而成，巧妙地融诗书画印于一体，颇具艺术价值。

他所创作的硬笔微书作品，其中的字只有1毫米大，有些字和头发丝的细度相当，如果是视力不好的人，需要用10倍放大镜才能看见。在创作微书时，邓禄鑫并不用放大镜，全凭意念和感觉在写。硬笔微书的纸张采用熟宣纸或复印纸，所用的钢笔也需要进行加工，先用细砂纸磨成细圆头，再用玉石抛光，还要用腻子抛光，最后用绸子擦拭。使用的墨水要用去胶汁的，这样不容易流淌。在创作硬笔微书时，先在纸上用工笔画白描出图形，再覆盖上一张纸，顺着图形的线条写微书。最后，再给图形涂上淡雅单一的颜色，不宜用过于鲜艳的颜色，突出图形和微书的轮廓。

2008年，邓禄鑫创作出硬笔微书作品《中国改革开放的总设计师》，作品人物高1.92米、幅宽1米，由11篇邓小平文章、微书4.7万字组成。同年12月，被中国国际书画艺术家协会、中国民间艺术与传统文化促进会等单位授予“2008中华艺术终身成就奖”“共和国杰出艺术家”“共和国改革创新人物”的荣誉称号。

2009年3月，邓禄鑫历时15个月，创作完成《中华民族传统文化长卷》，以

“四书五经”等为主要内容，毛笔微书60余万字，融入人物图案1700个。10月，其硬笔微书作品《九龙壁》在芳草街街道综合文化活动中心展出，作品长度近6米、高30厘米，由39747个微书小字、925首名人诗词组成9条不同色彩的龙，惟妙惟肖，令前来参观的辖区居民赞不绝口。

2010年9月，中国非物质文化遗产保护中心、中国非物质文化遗产保护协会、中国国际艺术家促进交流协会将邓禄鑫编入《中国非物质文化遗产传承人档案》，并授予“中国非物质文化遗产领军人物”称号。

民间剪纸

芳草街街道民间剪纸常运用于传统节日灯彩上的花饰、扇面前的纹饰、刺绣的花样以及家居的装饰等方面。辖区的剪纸艺术带有明显的地域特点，图案风格以细腻明丽为主。

张进福是芳草街街道辖区民间剪纸的代表人物之一，2006年退休后参加成都市老年大学剪纸班学习。2007年至2012年期间，参加全国剪纸大赛，获铜奖一次、获佳作及优秀奖多次，并加入中国民间文艺家协会剪纸艺术委员会。其剪纸作品形象生动，充满生活气息，多次在《空军报》《老同志之友》《夕阳红》《成都老年

2023年3月，紫竹社区开展“妙剪轻飞舞·非遗有传承”剪纸活动　紫竹社区提供

教育》等刊物上刊登。

除自身热爱剪纸艺术外，张进福还积极参加社区活动，培训剪纸学员数百人。其中，学员彭洪蓉多幅剪纸作品参展于区、街道和社区，并有多幅作品入选《魅力高新》《芳草书画》《书画作品集萃》等艺术作品集。2019年，彭洪蓉热心教导成都大学的老挝留学生学习剪纸一事，在成都电视台《西望成都》栏目播出。

手艺达人彭洪蓉的剪纸作品

彭洪蓉提供

在这些手艺达人与社区的共同努力下，芳草街街道辖区的民间剪纸艺术氛围浓厚，各社区时常会举办手工剪纸活动。2023年3月，紫竹社区开展“妙剪轻飞舞·非遗有传承”剪纸活动，老师讲述剪纸历史、教导手工方法、学员动手实操的方式，不仅使辖区居民近距离感受到传统匠艺的魅力，还给剪纸爱好者们提供了鉴赏交流的平台。

方言俗语

常用词语

辖区方言大部分词汇的意思与现代汉语词汇的意思是一样的，所不同的是在发音上有一定的差异。小部分词汇是现代汉语里没有的，它有独特的意思，如“巴适”意为“好”，引申为“合适、得体、舒服”；“不落教”意为不按规矩办事；“不认黄”意为不客气等。这部分方言词汇的意思是约定俗成的，有很强的地域性和较窄的使用范围，并且只局限于口语，只有长时间生活在这种语言环境中的人才能明白这部分方言词汇含义。

表 22　芳草街街道常见方言词汇摘选

方言词汇	对应的含义
洋盘	洋气、时髦
梭边边	躲起来偷懒
冲壳子	说大话、吹牛
苏气	漂亮、大方
落教	做事不乱来
扎起	尽力相助
吃欺头	占便宜
搭手	互相帮助
稳起	遇事不露声色
走展	变动、调整
阴倒	暗地里
帮紧	非常紧
宝器	傻瓜，行为举止怪异
抱鸡婆	孵蛋和带小鸡时的母鸡
抱膀子	打牌、打麻将下棋时，在旁边为人当参谋
背时	倒霉
扯把子	吹牛，说谎
撑展	如意，平整，好看
吃尕尕（gǎ gǎ）	吃肉
不摆了	不用说了
不打紧	不要紧
安逸	舒服，很好
丁丁猫	蜻蜓
打眼	惹人注意
鬼火冒	很着急，很生气
好生	好好地，小心
假巴意思	假惺惺
落雨	下雨

续表 22

方言词汇	对应的含义
脑壳	头，脑袋
恼火	麻烦
耙耳朵	怕老婆的人
啥子、爪子	干什么

歇后语

歇后语是人们在生活实践中，由生活经验总结创造出的一种特殊语言形式，是一种短小、风趣、形象的语句。歇后语一般由前后两部分组成，前一部分起到“引子”的作用，类似谜面；后一部分则作为“后衬”，如同展示谜底，十分自然贴切。辖区居民喜欢借物打比方，用形象、诙谐、讽刺、幽默、饶有风趣的语言来反映生活面貌及思想感情。

案板上的擀面杖——光棍一条

《百家姓》读掉头个字——开口就说钱

半空中点灯——高明

半天云挂口袋——装风（疯）

半天云上打灯笼——高明

半夜吃桃子——按到软的捏

抱起琵琶进磨房——对牛弹琴

扁担做吹火筒——一翘（窍）不通

冰糖煮黄连——同甘共苦

茶壶头装汤圆——有货倒不出来

茶铺搬家——另起炉灶

城隍庙的鼓槌——一对

锄头刨黄连——挖苦

穿钉鞋拄拐棍儿——稳当

吹火筒当眼镜——长起眼睛看

刺笆笼头的斑鸠——不晓得春秋

打肿脸充胖子——外强中干

大姑娘坐花轿——头一回

大路边上打草鞋——有的说长，有的说短

丁丁猫咬尾巴——自己吃自己

冬瓜藤爬南瓜棚——纠缠不清

冬瓜作帽子——霉登了顶

肚子头撑船——内航（行）

对着镜子作揖——自己恭维自己

鹅卵石下油锅——炸（扎）石（实）

二郎神吹笛子——神吹

飞机上吹喇叭——响（想）得高

瓦上的霜——见不得太阳

外甥打灯笼——照舅（旧）

乌龟吃煤炭——连心都黑了

乌龟爬门槛——栽跟斗

乌龟偷西瓜——滚的滚来爬的爬

乌龟遭牛踩一脚——痛在心里头

虾子过河——牵须（谦虚）

下雨出太阳——假晴（情）

隔口袋买猫——摸不准

隔年的皇历——翻不得

隔山打鸟——见者有份

狗吃粽子——没解

狗戴砂锅——瞎碰

狗咬月亮——不知高低

除此之外，由于辖区原为三国蜀汉驻地，许多歇后语还与三国蜀汉人物有关，常见的有：

关公斗李逵——大刀阔斧

关公赴会——单刀直入

关羽保刘备——赤胆忠心
关公面前耍大刀——不自量力
刘备的兄弟——红黑都是好的
刘备的江山——哭出来的
刘备借荆州——有借无还
刘备摔阿斗——做给别人看的
刘备杀人——心慈手软
张飞卖豆腐——人强货不硬
张飞穿针——大眼瞪小眼
诸葛亮的锦囊——神机妙算

食在芳草

“苍蝇馆子”是成都人的一种戏称，用来形容那些味道不错但环境、装修一般的各类小餐馆。在芳草街街道，也有不少“苍蝇馆子”，这些小餐馆多依靠食客之间的口碑相传，常常隐没于市井街巷之间。

“美食巴士”

社区巴士1006线途经芳草街街道，将辖区内和附近玉林街道的不少小餐馆串联起来，因此被成都老饕客称为“美食巴士”。1006巴士路线呈环形走向，从玉林街始发，沿途依次经过倪家桥路、芳草东街口、玉林南路、二环玉林南路口、一环紫荆北路口、二环神仙树路口、芳草街、永丰路、衣冠庙、芳草街北、玉林西路、玉林东路，最后回到玉林街，完成闭环。

在“美食巴士”的路线上，很多餐馆都是经营数十年且深受附近居民青睐的，是不折不扣的“苍蝇馆子”。玉林串串总店位于“美食巴士”玉林街站，得益于其出色的味道与合理的价格，玉林串串长久立足于市场，顾客仅需数十元，即可享受到美味且实惠的用餐体验。与此同时，新派串串也在市场上崭露头角。“冒椒火辣”作为成都冷锅串串界的佼佼者，以其独特的口味赢得了众多食客的喜爱。其全成都第一家分店便选定在玉林玉洁巷，与两路口火锅相邻，在冒椒火辣的菜品中，兔头和各种单点的小菜尤为受欢迎。兔头被精心调制的花生辣椒调料所包裹，有五香和麻辣两种口味供顾客选择，仅在晚上供应，且数量有限，售完即止。

飘香火锅

1997 年开业，位于玉林西路 34 号，是一家能够代表老成都风味的火锅店。开业初期，不光是附近的居民，当时常在“小酒馆”“白夜”聚会的艺术家和文人，也都是飘香火锅的常客。

飘香火锅的味道属老成都风味，香味多于辣味，油多但不油腻，能够较好地衬托出菜的本味。特色菜品有鲜毛肚、嫩牛肉、鲜鸭血、自制香菜丸子、鲜鳝鱼、黄喉、火锅牛排等。火锅锅底以自制的牛油红汤为主，锅底醇厚，鲜香麻辣，上桌时一锅半凝固状的牛油，随着点火开始融化，店外很远便能闻到浓郁的香味，实为“飘香”。

“龙虾一绝”

1996 年，芳草街街道“龙虾一绝”店开业，是将两间相邻的房间打通、连成一家整体的餐馆，以经营麻辣、鱼香等口味的小龙虾为主，因口味地道、食材新鲜而颇受附近居民欢迎。当时，“老酒吧”刚在附近扎根，接下来的两年里，随着“小酒馆”“白夜”相继开始营业，玉林西路逐渐聚集大量的音乐人、文学家、编辑、出版商、收藏家，等等，这些人多和酒吧的主人是朋友，加上许多艺术家往往不拘小节，一盆一盆的小龙虾就这样被端进酒吧。“盆盆虾”不仅迅速成为玉林酒吧夜生活的必备“点心”，还被不少酒吧常客戏称为带有“成都特色”的酒吧服务。“龙虾一绝”也因此屹立二十多年，常盛不衰。

素食馆

素食馆是芳草街街道内另一个有别于传统川味的特色餐馆，开业于 2016 年。店内经营的素食综合各大传统菜系中的多种做法，利用煎、炸、蒸、煮、烤、涮、熏、氽、焖、烩、炖、溜、烧、炒、煨、扒等，将平常的素食做出多种味道，再与西餐考究的摆盘艺术相结合，让每一道菜从形状、摆盘、色彩搭配上，呈现出不逊于荤食的外形，从而激发宾客的食欲。

素食馆所使用的食材均源于自家的生态农业基地，和重视饮食健康的素食文化理念保持高度一致。店内的装修风格以典雅、素净为主，除提供素食餐饮外，还建有禅茶空间，从不同的角度丰富芳草街街道的特色美食。2023 年，素食馆仍在营业。

皇城老妈皇城店

“皇城老妈”是成都著名的火锅店，1986 年，“皇城老妈”成都市第一家火锅店开业，独特的味道受到大众的一致好评。精美的菜肴、周到的服务，吸引众多食客纷至沓来，并将其誉为“花重锦里，美食皇城”。

2001 年，位于芳草街街道辖区的皇城老妈皇城店正式营业，总面积 8000 平方米。皇城店的外观有别于一般的餐饮火锅店，承袭蜀汉遗风，外立面以川西民居为理念基础，四周外墙均由青灰色石砖相砌而成，许多墙面布满爬山虎，从地面一直延伸至墙顶，墙角建有龙头形状的动物图腾，将大气、精美的建筑艺术与特定和谐的装饰装修整合于一体，体现出川西人文风貌和厚重的历史痕迹。

除鲜明的建筑风格和菜肴风味外，皇城老妈皇城店还以“走进老成都”为主题，打造各种不同而又各有特色的就餐空间，营造出浓郁的文化氛围，将成都这座历史古城各个方面的气息和风貌充分呈现在食客的眼前。在三楼的“岷川”厅，食客既可以一边观赏墙上的石刻，感受用溪水边的游船和屋舍中的老灶雕刻出的老成都市井生活，也可以一边在青萝碧蔓的花园中品尝着火锅美食；在二楼的“可园”厅，可以边看川剧表演边吃火锅，更有魔术套圈、川剧绝活顶灯、川剧折子戏、曲艺等绝活轮番上阵，享受锅中百味，品味戏里人生；年轻人可以前往一楼的“少室”厅，不仅有潮流的回转自助小火锅，还有定期的乐队演奏，品尝完火锅美食后，还可以来到四楼的“坝调”茶社，来一壶香茶，祛乏解腻。

皇城老妈皇城店还建有皇城旧事资料馆，将天府之国由来已久的人文风貌、民风民俗通过“走进老成都”这一主题整合在一起。对上古的三星堆文化、蜀汉时期的陶俑砖瓦、唐宋元明清所遗留的细枝末节，乃至民国时期的多种历史遗物，进行符号化处理并与当代的生活进行呼应，使之呈现出既耐人寻味又亲切逼真的老成都文化体验。因此，在一些老成都人的眼中，“不到皇城老妈就等于没到成都。”自开业，皇城老妈皇城店营业至今。

怪豆花

芳草街街道美食众多，也有一些外乡风味食品。其中，最具特色的当属位于芳华街 26 号的爱恨怪豆花。这里的“怪”主要体现在名字独特和味道奇特上。

爱恨怪豆花将豆花同火锅结合，以高汤打底，素菜垫底，豆花居中，最上层铺上肉食，配合汤中的番茄片和枸杞粒，煮好后，一起蘸着酱料食用。豆花火锅不同于传统川味牛油火锅的厚重口味，锅底有贵州酸汤、原味滋补鸡汤、酸汤鱼等，以清汤为主，蘸料可以调制香辣酱、香油、糊辣椒或独立小碗盛装的鸡汤，加上少许的花生黄豆，在满足食客喜欢油、辣口感的同时，又带来独特的外乡口味，很受附近居民的喜爱。爱恨怪豆花按照搭配的荤素食材，以“品”作为区分，品级越高，锅中的肉菜、素菜就越丰富。在豆花中还分布着肉糜，口感十分丰富。

自 2008 年开业，爱恨怪豆花已连续营业十多年，虽然不经营川味，却特别受附近居民的欢迎，这一点和充满包容性、多元性的芳草街街道一样，无论来自哪里，都能在这里找到最适合自己的生活方式。

蛋烘糕

蛋烘糕是一种以鸡蛋为主要原料，加上发酵过的面粉，辅以一些调料，在平底锅上烘煎而成的传统美食，是十分受成都人喜爱的一种街边小吃。1987 年，居住在玉林片区的两位老人开始在玉林中学一带推着小车，来回售卖蛋烘糕，因口味正宗、用料考究，老两口的“陈记蛋烘糕”很受附近居民的青睐。

“陈记蛋烘糕”之所以出名，除蛋烘糕的皮很脆、鸡蛋香味比较浓郁之外，还因为这是成都“血统最纯正”的蛋烘糕。据说刚开始营业时，老两口的手艺火候不够，生意也很一般。后来机缘巧合之下，陈爷爷结识成都小吃圈的“传奇”、蛋烘糕的发明人曾大爷，曾大爷把蛋烘糕的“秘诀”传授给老两口，从此，老两口的生意越做越顺，还在传统蛋烘糕味道的基础上，拓展出新的怪味香辣蛋烘糕。在蛋烘糕里放入不起眼的大头菜，蕴藏麻、辣、甜、咸四种味道，推出后迅速受到附近居

民的热捧，怪味香辣蛋烘糕也成为“陈记蛋烘糕”的招牌口味之一。

2003 年，老两口退休，“陈记蛋烘糕”也停留在许多芳草居民的儿时回忆里。直到 2016 年 9 月，老两口将蛋烘糕的技艺传给儿子，“陈记蛋烘糕”重新在芳草街街道邻近区域开业，让不少芳草居民感慨，儿时的回忆终于又回来了。

红杏鸡

红杏鸡是川味口水鸡的一种，色泽鲜红，佐料丰富，集麻辣鲜香嫩爽于一身，是川菜中的代表菜色。这道菜是出自芳草街街道的招牌菜品，曾被中央电视台《美食走四方》节目报道，还被收录在 2016 年出版的《四川省志 · 川菜志》中，被誉为“成都名菜”。

火烧堰·碧翠廊

艺文杂记

芳草街街道居民创作的诗词歌赋众多，有组诗、散文、词、律诗、现代诗等，形式多样，辞藻丰富，多描写优美景色，或讲述当地传说。辖区的逸闻传说则围绕神仙树片区，以人、水、树为中心，延伸至寿仙场集市的诞生及与太平寺机场的渊源。

诗词歌赋

芳草八景

刘廷荣

筝灯月影

公园神仙人，春夜放风筝。
五彩惊嫦娥，驻足笑观灯。

紫杉钟塔

街头屹钟塔，时节正入夏。
同踏友谊步，观赏丛丛花。

紫竹渔蒌

广场竖渔篓，耕耘夜如昼。
巨变新城美，歌舞颂丰收。

神树千年

故地有神树，七棵经荣枯。
和力抗灾变，同享绿满株。

曲径通幽

曲径花飞香，清溪淌远方。
古树添鸟语，歌声正悠扬。

翠廊芳亭

古堰已藏影，翠廊掩芳亭。
弄孙福和寿，芬芳美与新。

牌门春潮

春风吹古堰，花蕾吐芳芬。
五彩关不住，内外满是春。

碑高地阔

碑高映芳草，身恙看社医。
风化和谐在，温馨幸福里。

（刘廷荣，四川省乡村文化和旅游能人，新时代人民艺术家，市民学校优秀教师。书画作品在国际国内各级各类展览中，获得诸多奖项）

望海湖·芳草书画工作室遐想

欧阳戈

芳草连碧，榕阴滴翠，参差广厦无涯。烟锁画桥，蜂迷曲径，安居十万人家。仙树吐新芽。看欧陆街景，廊堰奇葩。燕舞莺歌，户盈千福竞豪奢。

春风丽日年华。有霓裳弄影，鼓瑟萧笳。骚客彦人，临池涤砚，龙飞凤舞堪嗟。幽梦入丹霞，乘兴挥霜管，茗品清佳。搅动心笙，兴随春意抚枇杷。

蓓蕾赋

欧阳戈

芳草凝芳绿映红，长廊曲水表由衷。
千般秀色歌声里，无限春光笔意中。
蓓蕾枝头听鸟语，玉林路上满高朋。
万民共建同携手，百业齐辉各盛隆。
得意东风开富路，凌云壮志傲苍穹。

金沙一脉文风继，亘古芙蓉花季同。

（欧阳戈，国家一级美术师，中国美术家协会四川分会会员，成都市美协会员，成都市书法家协会会员，中国文化艺术研究会常务理事，四川东坡诗社理事，成都芳草书画联谊会会长，中国中外文化促进会特聘画师）

芳草的境界

王　平

芳草是一个地方，在成都这座城市的南端，
三点八平方公里上，居住着十二万居民。
这里是成都高新区的门户，
天府新城的桥头堡，
这里是我们共同生活的家乡。
芳草是一种恬静，
奔腾的岷江水穿越川西平原，
在这里化成潺潺溪流，
宛如舒展的长袖流向远方。
翠绿掩映的火烧堰长廊，
传来孩子们嘻笑玩耍的声音。
悠长的蓓蕾西巷，
凝固着老人们美好的时光。
灯火阑珊的紫杉路，
演绎着都市人“回家”的乐章。
芳草是一种活力，
在高新区这片热土上，
从生根、发芽，到成长，
经历十五个春夏秋冬。
染绿了这块土地，生机盎然。
玉林西路争奇斗艳的橱窗，鸣奏出新时代的畅想。

紫竹广场荡漾的红歌、舞动的身影，
抒发着对生活的热爱，
对未来的向往。
芳草更是一种境界，
不羡慕艳丽的花朵孤芳自赏，
而是把根紧紧相连、相互依偎，
把关爱、包容，流进彼此的胸膛。
不羡慕参天的大树撑起天空，
以自己扎实、顽强的个性装点家园，
去实现天更蓝、地更绿的理想。

（王平，芳草街街道原党工委书记。该诗创作于2009年，发表于毛泽东诗词研究会会刊《丛中笑》）

田园城市的畅想

元通社区文体分会诗歌组

迎着初升的太阳，一抹新绿舒展枝叶，
我看见了，看见了城市田园自然的风光。
轻轻地推开玻璃窗，小鸟在欢快地歌唱，
我听到了，听到了田园城市优美的乐章。
走在绿树成荫的街沿上，晨风吹拂清凉，
我闻到了，闻到了沁人心脾生命的芳香。
啊！元通，不偏不倚，无阻无碍，
顺达从容，和谐流畅。
门前潺潺的流水，述说着几千年古老的梦想。
川西坝子世代相守的农耕景象，
已经融入恬淡、安适过去的时光。
锦城南郊，一处处破旧、矮小的平房，
圆通寺、神仙树、寿仙场……
随着时代的步伐，早已销声匿迹，

改变了模样。
杂乱的瓦砾，被一片片翠绿洗礼；
喧嚣的噪音，变成一首首歌声悠扬。
一栋栋高楼崛起，合着改革开放的节拍，
把凝固的交响乐奏响。
啊！元通，不偏不倚，无阻无碍，
顺达从容，和谐流畅。
永丰立交桥四通八达，
高新大道、紫荆西路、神仙树北路车流奔忙。
我们来自四面八方，
创业之花“春夏秋冬”四季芬芳。
630 的爱心饺子，金秋节的美味家常，
绿色生态，环保时装……
虎岁刚饮祝捷酒，兔年又开报春花，
我们品茗举觞。
沐浴着金色的阳光，高新中小学，
书声朗朗，幼儿园里，嬉笑欢唱；
神仙树公园拳剑舞蹈，闲庭信步，神气舒扬；
花间情侣，成对成双；
幽静的元通巷，我们走进干休所，
听老红军回忆那战火纷飞的沙场。
红色纽带系家园，关注民生，
牵挂群众，老百姓是共产党无穷的力量。
我多想在辽阔的天空翱翔，
俯瞰这镶金琢玉的人间天堂。
因为我看到玉兔欢奔芳草地，
金龙喜跃碧云天，田园城市真漂亮。
我要为这新时代的桃花源，添砖加瓦，
幸福美景，永生不忘。

不同的时期有着不同的梦想，
不同的时代有着不同的希望，
祝福你，新元通，汇入芳草绿色的海洋，
走进成都田园城市的理想，
祝福你，新元通，在阳光下我们茁壮成长，
拥抱未来，前程光芒万丈！

逸闻传说

神仙难过神仙树

清末至民国初期，神仙树还是个聚集的小村落，村民依靠传统农业为生，过着日出而作、日落而息的生活。当地村民有土葬的习俗，周围一些较偏僻的区域有零星的土坟。20 世纪 20—30 年代，国内军阀纷争，各地多有战乱。受此影响，神仙树附近匪盗、私人武装横行，当地的袍哥大爷们为自保，还修建两三处碉楼，直到中华人民共和国成立后才完全拆除。

神仙树的村民们在天黑之后便几乎无人外出，谁要敢在天黑后独自出门，都会被认为是胆子大的，有时下午五六点，附近路上便已没了人影。种种原因加在一起，许多外地过路的行人，都对神仙树一带格外提防，当时甚至还流传着“神仙树，小梁山，神仙难过神仙树”的说法。

神仙树地处华阳与成都城区之间，常有外地人路过，为帮助这些过往的行人，当地村民经常会在白天前往周围的交通要道，提醒、警示过路的行人，推车的鸡公车车夫们提前做好安排，让过往行人暂时在神仙树落脚休整，等到聚集有一两百人的时候再一同上路出行。

除帮助过路的行人外，村民们还将位于神仙树老街西南方向的一处偏僻荒地利用起来，专门修建成坟场，用于埋葬附近外乡人的尸骨。从入口进入后，由一条过道直通坟场中央区域，被称为“神道”。神道两旁修有石人、石牛、石马一类的塑像，显得十分庄重、肃穆。坟场中央建有一座塔形建筑，塔高约有 20 米，塔的底部放置有三种石制的动物塑像，分别为石羊、石马、石牛，塔顶呈白色圆弧状。整座坟场的面积不大，占地两三亩，随着日久年深，坟场埋葬的尸骨越来越多，村民们只能将原先的尸骨拣出来，用纸包好，放入塔中堆放，再将空出来的地方用于埋葬后来的死者，坟场也因此被称为“白骨塔”。20 世纪 50 年代末，坟场被拆除，原先的尸骨也被运往别处安葬。

神仙树的传说

关于神仙树的来历有着各不相同的传说，除由算命先生死后所化，树干盛满清水的这一版本外，流传比较广的还有另外两种。

第一种传说。据《华阳县志》记载，神仙树原名寿仙场，场上有一棵年代久远的黄桷树，枝叶繁茂，仿佛巨伞一般，附近村民经常聚在树下乘凉。明朝末年，一位石羊乡的农夫，外出引水灌溉农田，路经寿仙场，看到黄桷树下，有两个白胡子老头在树荫下对弈，一时好奇，便前往驻足观看。没想到，三局棋过后，周围突然狂风大作，飞沙走石，农夫急忙抱头离开。等他回到家里一看，发现自家的草房已变成瓦房，前门变成后门，住在房里的人更是没有一个认识的。后来，和这家人核对家谱，农夫发现自己外出灌溉农田竟然已过去百年，自己却一点也没有变老。农夫遇到仙人下棋的事迹迅速传开，大家都纷纷前往寿仙场的黄桷树下祭拜，这棵树也因此被称为“神仙树”。

第二种传说。从成都南郊进入老华阳县地界的石头沟旁，有一棵油柿子树。清朝宣统年间，这棵树突然消失。但如果有人从北边经过元通桥，站在桥上可以看到这棵树，过了桥却看不见了。如果往南走到石羊场，在当地的周家土桥附近也能看见这棵树，再走近看又不见了。民国初年，这棵树再次消失，无论站在何处再也看不见了。当地人便把这棵曾经时隐时现的怪树，称作“神仙树”。

寿仙场诞生记

20 世纪 20 年代，因地处华阳、仁寿、石羊等地进入成都城区的必经通道，位于肖家河沿岸的神仙树片区渐渐兴旺起来，老街一带成为当时比较热闹的人群聚集地。30 年代末，当地乡绅和当时的保长在老街南侧的寿仙桥边修建数间铺面，用来经商出租，人群聚集地也随之从神仙树老街朝老街以南转移。

1946 年，乡绅车安尧、陈万兴、周国清、刘团正、吕富科等人在老街西侧，沿西南方向集资修建两排瓦房。瓦房建成后，神仙树一带逐渐成为附近村民的主要赶场地。

场名的由来有两种说法。第一种说法是眼看神仙树一带愈发热闹，乡绅车安尧、陈万兴等人便利用修建瓦房剩余的资金在寿仙桥附近搭建一座古色古香的戏台，还请来悦来戏院的名角唱三天的戏，算作开场。因开场区域位于寿仙桥附近，便取寿仙桥之名，将场名定为“寿仙场”。为赶场便利，乡绅们又和部分民众捐资修建一条长约 1 公里的道路，这也是成都第一条民间捐资修建的道路，很受关注。在道路竣工之际，时任成都市军政长官还亲自前来剪彩。

另一种说法则发生在 1946 年农历 5 月 12 日，当地的码头袍哥胡金轩认为神仙不会赶场，只有寿仙才赶场，所以将老街以南的热闹区域定为附近村民的赶场地，改名为“寿仙场”。寿仙场开场当天，天下大雨，河涨大水，为此还专门请来戏班子唱了一天的川戏。中华人民共和国成立后，寿仙场一带改名为“万寿乡”。70 年代，万寿乡的集市将原先逢 2、5、8 赶集的场期改为百日场，每到赶集之日，人山人海。90 年代，随着元通桥农贸市场建成后，寿仙场的集市日趋冷落。

寿仙场和神仙树

当地有关寿仙场由来的民间传说不少，还有另一种不同的说法，说寿仙场才是神仙树片区最早的地名。寿仙场还有座小寺庙，比较破败，庙中有一株枯死多年的老黄桷树。某

“神仙树”石碑（2023 年 12 月）　鲁勇摄

一年，忽然一阵仙风吹过，这株黄桷树竟然枯木逢春，长出嫩芽。不仅发出了芽，就连空空的老树洞里面还积满清水，看上去仿佛一口水井，附近的村民对此连连称奇。

这样稀奇罕见的事自然成为当地村民的重要谈资，庙中的大小和尚逢人便说这是黄桷大仙显灵了，而且喝树洞中的水还能祛病驱灾。当地村民平日里对神仙、佛祖格外敬重，本就是淳朴之人，对这一说法迅速深信不疑，四方信徒纷纷前来给长出嫩芽、涌出清水的黄桷树烧香磕头、披红挂彩，还将这棵黄桷大仙显灵的树称作“神仙树”，原本冷清的小寺庙也因此香火旺盛起来，许多外地来的信徒甚至还把“神仙树”当成当地的地名。久而久之，原先“寿仙场”这个名字便少有人再提起，村民们只记得那棵神奇的黄桷树，“神仙树”这一地名也取代“寿仙场”，一直流传下来。

神仙树地名与太平寺机场的渊源

1939 年初，四川省在簇桥、双流、新津、邛崃等地新建、扩建 10 处机场。其中，太平寺军用机场位于簇桥三河村太平寺，占地 1014 亩。在修建机场的过程中，一些士兵、飞机机械师在神仙树一带安家。神仙树本地的百姓，也参与太平寺机场的修建工作。百姓中上到六十岁的老者，下到十几岁的少年，还有不少学生和店员，甚至妇女都自发前往。

由于条件有限，国民政府仅能提供铁铲、十字锹两种工具，其他扁担、箩筐、锄头等修建机场所需的器具都是百姓自己携带。修建初期，太平寺机场的跑道用石灰、黄泥以及河沙，经过石碾的反复碾压而建成。修建需要大量的碎石，全靠百姓用原始人工的方式开采，用草绳将大石套住，固定好，用铁锤反复击打而成。在修建的过程中，时常还有日军的战斗机前来轰炸。参与援建的百姓凭借着顽强的意志，在艰苦的条件下，夜以继日，轮番上阵。

1944 年，太平寺机场完工，这座几乎完全依靠肩挑手挖的原始作业修建的军用机场是军事工程历史上少有的先例。

中华人民共和国成立后，原先国民政府驻防太平寺机场的一些军人流落到中国台湾，他们思乡心切，时常托人联系，想寻找神仙树一带的亲友。可惜中华人民共和国成立初期，神仙树这一地名未能保留，当地沿用寿仙场的旧称，称万寿乡，台湾老人们的寻乡之情因此未能如愿，许多人抱憾不已。后来，老人们的子女连同成都市华侨办联系当地政府，强烈建议恢复神仙树这一地名。

20 世纪 90 年代，神仙树地名恢复。1996 年，神仙树一带的几条主要干道分别命名为神仙树南路、神仙树西路、神仙树北路。2001 年，芳草街街道在修建机场路附近的城市公园时，特地仿照旧时传闻，选取一株七枝树根相连的小叶榕作为“神仙树”的代表，栽种于公园之中，公园也被命名为“神仙树公园”。

往事记忆

民国时期，芳草街街道地区最热闹的地方主要集中在神仙树老街，挑担小贩和鸡公车车夫穿梭在人流间，同时，辖区内的五个古寺庙和三座古桥也为当地人提供必要的活动场所，使小村落逐渐形成初具规模的场。20世纪50年代，成都电缆厂在这里扎根落户，在带动经济发展的同时，村民生活也更加热闹非凡。20世纪末至21世纪初，神仙树老街改建为神仙树公园，成都电缆厂也集体搬迁，“老”芳草人的生活图景只能留在记忆里。

旧时地标

神仙树老街

1926 年，观音庙所在的村落过道逐渐形成一条全泥土小街，即神仙树老街。老街东临肖家河支流，西临肖家河主干，街宽 3 米，街长约 100 米，街上共有 23 间铺面、2 个厕所，还有一条小路，老街东侧建有吊脚楼式住房。老街形成后，当地袍哥大爷秦胡子又在观音庙对面修建三间吊脚楼茶铺，并在茶铺到观音庙之间修建一间宽 5 米、长与三间茶铺一致的过街楼，楼顶盖有石瓦片，过街楼只能从茶铺上下，楼上主要为打牌娱乐的场所。1960 年，出于安全考虑，吊脚楼茶铺和过街楼同时被拆除。

1943 年，当地的乡绅车安尧、陈焕清等人，在神仙树老街西北口至街中 15 米、街尾 10 米处修建一条新街。为同老街区分，新修建成的街道被命名为“神仙树新街”。新街全是有台梁的砖瓦房，街面为泥土，街沿为 2 米宽的石条，街面宽 8 米，街长约 130 米，街旁有铺面 28 间。

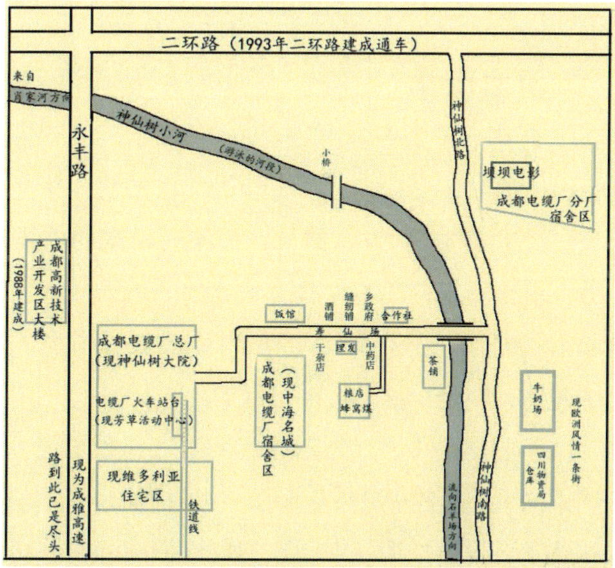

20 世纪 70 年代，神仙树片区手绘地图　　袁顺柱绘

20 世纪 60 年代，神仙树地区对老街进行改建，改建后的正街长约 300 米，横街长约 250 米，成为附近居民进行农副产品交易的场所。90 年代，随着芳草街街道城市化建设加快，神仙树老

神仙树公园

街一带得到进一步开发。2002 年，老街所在区域神仙树滨河公园更名为神仙树公园，公园广场处新栽一棵七根树枝相连的小叶榕树，合七为一，公园门前还镌刻有著名作家流沙河的题词——神仙树公园。

幺花店子

幺花店子是四川方言，也叫幺店子，就是路边小店的意思。神仙树一带是芳草街街道城市化建设之前，较为集中的居民聚集地，也是辖区最具历史性的生活区域。19 世纪末至 20 世纪初，肖家河沿岸的农民依靠耕田为生，农忙时常有一些外地人前来打工，其中一些有手艺的外地人陆续留在当地定居，修建草房，有的还开起小店铺，这一带渐渐成为一个聚集的小村落。神仙树的第一家中药铺——吕调缘中药铺，便是在这一时期出现的。

小村落之中，靠近肖家河河边有一条过道，北面连接老南门，南面可通往中兴场方向（后更名双流县华阳镇），是神仙树最早的街道。当地的甲长、大户人家陆续在这条过道上按照从右往左的顺序修建一排住房，随后又建起铺面，用来出租给售卖凉粉、油膏、酒和针线的商贩，接着在河对面建起房屋，其中有茶铺，还有卖香蜡纸钱和油、米、面的。这些商铺便是神仙树一带最早形成的幺花店子。

1926 年，随着聚集的村民增多，原先东临肖家河支流，西临肖家河主干的小路已形成一条全泥土的小街。小街宽 3 米、长约 100 米，是典型的河心半边街，被附近村民称为“神仙树老街”。老街一带成为当时比较热闹的人群聚集地。

在神仙树老街以南，还有一座石拱桥，桥上刻有“寿仙桥”三字。20 世纪 30 年代末，当地乡绅车安尧和当时的保长陈万兴在桥边修建数间铺面，用来出租做幺花店子，人群聚集地也随之从神仙树老街朝老街以南转移。

1943 年，陈焕清在神仙树新街东北口靠近寿仙桥处，另外修建 3 间宽敞瓦屋用来经营茶铺，茶铺内有专供他人谈事的屋子，称作“内保”。茶铺建成后，生意十分红火，一天最高能卖出近 600 碗茶水。

1946 年，当地乡绅为把神仙树一带建设得更加热闹，便在老街西侧，沿西南方向集资修建两排瓦房。次年，又在寿仙桥附近搭一座古色古香的戏台，请悦来戏院的名角唱了三天的戏算作开场，并引寿仙桥之名将这一带定名为“神仙树寿仙场”，也叫“寿仙场”。随着人口增加，神仙树也从原先的小村落开始形成初具规模的场。

神仙树的幺花店子周边在中华人民共和国成立前，一直是当地村民主要的生活区域。50 年代，万寿乡政府的位置就位于保长陈万兴在寿仙桥旁所建幺花店子的附近，成为当时的议政中心。70 年代，旧时的幺花店子逐渐被粮店、合作社等国有单位取代，寿仙桥附近的茶铺也已划归供销社所有，常有农民坐在一起抽叶子烟，喝茶聊天。2000 年，修建神仙树公园时，茶铺被拆除。

戏台

20 世纪 40—50 年代，在神仙树老街的西侧，还连接着一处戏台，与寿仙场开场所搭的戏台不是同一处。老街西侧的戏台是当时比较具有代表性的地标，有两三间房子宽，高 1 ~ 2 米。戏台修建的年代不详，为当地大户人家所建，修建得十分简陋，底部用泥巴砖块堆垒而成，上方台面呈四方形，侧边搭有阶梯，通往台上。

当时，神仙树一带的有钱人家，有时逢年过节、做生贺寿、婚嫁丧葬，就会请外地的戏班子来戏台唱戏。所表演的戏种主要也和主人家的经济条件有关，富裕人家常会安排川剧，变脸、喷火等精彩的特技都能看到，经济条件一般的人家则会请人来演木偶戏、皮影戏，戏班子在表演的同时，还会敲锣打鼓、打灯光，虽然不及川剧热闹，但也会吸引附近不少村民，尤其是小孩子们前往观看。

戏台前方是一块空地，空地一侧建有一排房屋，其中第三间屋子里住着两姐妹，被当地村民称为“陈蒜苗”。两姐妹是神仙树本地人，十分喜欢唱戏，每当有戏班子前来，她们也会跟着一起上台表演，也靠着这种方式挣钱。

戏台的表演没有固定场期，次数并不频繁，只有大户人家从外地请来戏班子表演时，才会打扫戏台。平时没有表演的时候，有人会在上面卖菜，附近一些无家可归的乞丐，也会住在戏台附近。20 世纪 50 年代末，戏台被拆除，所在地被建成成都电缆厂。

成都电缆厂

中华人民共和国成立后，神仙树成立乡，是为成都市万年区万寿乡。1955 年，万寿乡被合并至永丰乡。成立人民公社以后，原先的神仙树区域被划分为南郊大队和元通大队。1958 年，邮电部成都电缆厂在南郊大队辖区建厂，简称成都电缆厂或神仙树电缆厂，为生产电线电缆、线缆专用材料等产品的中央部属企业。成都电缆厂后方的西南角还建有专门的铁道和仓库，厂内建有火车站台，用于运输生产出的电缆。1959 年，成都市邮电机械厂被合并为电缆厂分厂。

20 世纪 60—70 年代，在配合中央提出“三线建设”的战略决策期间，成都电缆厂成为保障国防建设的重要生产基地。当时，成都电缆厂的职工大多是来自上

1968 年，成都电缆厂厂区　　袁顺柱提供

海、东北三省等地的转业军人，技术人员也是专门从重庆邮电学院（现重庆邮电大学）调来的。

随着成都电缆厂的入驻，许多基础设施相继完善，神仙树一带也愈发热闹起来。在分厂宿舍区通往总厂之间，形成了一条小街，整条街不过几十米，但是茶馆、合作社、理发铺、肉铺、干杂店、粮店、煤炭铺等一应俱全，能够满足附近居民的基本生活需要。在茶铺对街有一个合作社，面积约有十几平方米，里面摆放着玻璃柜台，用来销售碗、茶杯、暖水瓶、练习簿、信封、信纸等生活用品。合作社的斜对面还建有理发铺、肉铺、干杂店。肉铺虽然只有宽约 3 米的铺面，却经常聚集着很多人。当时买肉要凭票，每天一早，就有人拿着竹篮子去排队，等到太阳出来后，猪肉运过来，排队的人便会一拥而上。合作社正对面有条小巷，顺着小巷一直走，便是神仙树粮店，供附近居民购买米、面、油等物资。粮店的对面是一个卖蜂窝煤的店铺，当时居民家里都是烧蜂窝煤，没有人送煤上门，需要自己借车或挑扁担运煤。

“蓉城的南郊湾，寿仙场好地方。我们在这里，建起雄伟的电缆厂……”这首成都电缆厂职工创作的厂歌为神仙树一带居民熟知。当时实行计划用电，成都电缆厂每个星期四安排职工休息。到了休息日，厂里会专门派出几辆大卡车，从厂大门出发，终点站是南大桥老邮局，接送职工进城和返回。成都电缆厂的职工待遇很好，厂区附近修有职工宿舍，天热的时候厂里会供应免费的酸梅水，中秋节还会发放特制的月饼。这在当时神仙树一带都是十分少见的，也让周边其他的居民很羡慕。当地甚至还有一种说法，称神仙树本地的小伙子，十个中有九个都对电缆厂有怨言，因为本地的年轻女孩很多都嫁给电缆厂的职工，只剩下十分之一的小伙子能讨到本地女孩做老婆。这一带的说法虽然有些夸张，但电缆厂在神仙树一带的影响力从中可见一斑。

成都电缆厂宿舍门前有一条小河流过，东起肖家河小区，往西汇入清水河，被当地村民称为“神仙树小河”。每到夏季，成都电缆厂里的职工、附近的村民都会来到小河游泳。

70 年代，看电影开始成为一种流行的娱乐方式。由于整个神仙树片区当时都没有电影院，在成都电缆厂分厂宿舍区空地放映的露天电影深受附近男女老少的喜爱，被称作“坝坝电影”，远近闻名。最开始是免费看，后来就需要买票了。每逢

1978 年，神仙树电缆厂西大门　　　　袁顺柱提供

周末的晚上，不光是神仙树当地居民，就连附近石羊乡等地的人都会专程赶来看电影。一大早，就有人用板凳在空地上占位置，才到中午，整个空地上就已经被各种各样的凳子占满了。电影播放时，未能占到座位的人便会挤在座位区域的后方一起观看。播放的电影多是些样板戏，或《地道战》《地雷战》《南征北战》之类的革命战争影片。

80 年代初期，随着改革开放的深入，成都电缆厂的“坝坝电影”开始播放一些国外的电影。当播放一些剧情精彩、紧张刺激的影片时，成都电缆厂宿舍区的空地上更是人山人海，就连附近的围墙、树上都挤着想一饱眼福的观众，即使遇到刮风下雨也很少有人提前离场。当时用来播放的影带数量很少，通常一部影带会在周围几个地区错开时间放映，播放中途需要跑片员专门用一个摩托车来回运输影带。有时天冷，甚至要等到半夜 12 点才来片，不论大人还是小孩都裹着棉大衣在原地一边闲聊，一边等待，直到听到远处传来摩托车的轰鸣声，所有人才一起站起来齐声欢呼。

成都电缆厂在神仙树扎根落户后，不断发展壮大，不仅将当地许多荒废的土地整合利用起来，修建宿舍区、水井、仓库等配套设施，自身也迅速发展。

1991 年，中共中央总书记江泽民视察成都高新区，并为成都电缆厂光缆生产线题字“成都高科技开发区”，一同参加视察的还有中央书记处候补书记、中央办公厅主任温家宝。1994 年 10 月，成都电缆厂整体改制为成都电缆股份有限公司并在香港联合交易所上市，H 股名称“成都电缆”、股票代码“1202”，是四川首家在香港上市的企业。2007 年，为配合城市建设，公司整体搬迁至成都高新技术产业开发区西部园区，建立中国普天成都工业基地，原电缆厂厂区被改建为神仙树大院高层电梯住宅，神仙树大院随后也成为新世纪神仙树一带的重要地标之一。

古寺庙

观音庙

民国时期，在神仙树的北面区域，有一片竹林，竹林中有一尊半人高的石观音，其来历、具体修建年代已无从可考。当地村民发现这座观音像无论下多大雨都淋不湿，认为其很灵验，便劝说当时这一带的袍哥大爷——秦胡子，为观音修一座庙，以方便村民祭拜。

1921 年，由秦胡子出资，在肖家河沿岸的神仙树老街上建成一座小庙，是为“观音庙”，寺庙面积 100 余平方米，供奉一尊真人大小的泥塑观音佛像，并将竹林中的石观音请进庙中，安放在泥塑观音菩萨的身旁。庙门两边刻有对联，上联为“祭神如在，信神如在，此地原名神仙树”，下联为“求之则灵，叩之则灵，本庙即是观音堂”，横批“有求必应”。随后，又在庙内供奉一尊泥塑的济公像。观音庙建成后，香火不断，不仅常有当地村民祭拜，一些外地乡民也会赶来上香。1960 年，观音庙被拆除。

神仙树佚名庙

神仙树一带的村民，崇尚多神信仰，许多民间传说、神话故事中的神仙、菩萨、英雄等往往都能成为祭拜的对象。20 世纪 40—50 年代，老街上的观音庙逐渐形成十来间分开隔断的寺庙，沿老街排列。在原先供奉观音菩萨的基础上，又增加其他的祭拜对象，如济公活佛、关公等，数量较多且没有明确的宗教区分。塑像的做工较为粗糙，均由当地村民使用泥土烧制而成，自发供奉于庙内。

这些寺庙普遍修建得比较简陋，每间寺庙大约 10 余平方米。寺庙四周的墙由泥土砌成，有些房顶铺有青瓦，有些房顶铺茅草。寺庙内的陈设十分简单，除屋内中央供奉的塑像外，只有跪拜用的蒲团，村民平时用来祭拜的香蜡、钱纸也都摆放在地上，并无专门盛放的容器。寺庙来往的人群很多，寺庙外的街道旁常有卖菜、卖小吃的摆摊商贩。50 年代末至 60 年代初，这些寺庙陆续被拆除，未有保留。

元通寺

元通寺，又名圆通寺，修建于 17 世纪，历史悠久。原址位于芳草西二街与瑞茗步行街街口交界处。原寺庙坐北朝南，大门宽 2 米、高 3.5 米，小青砖围墙，进门为泥土坝子，宽约 40 米。坝子中央长有一棵桂花树，两边建有厢房，共 6 间，是寺庙中和尚平时习经、居住之处。正殿立有释迦牟尼、南海观音菩萨及城隍菩萨塑像，均为泥塑而成，殿内左侧塑鸡脚神、吴二爷像，右侧塑三婆娘娘像。殿前摆放香炉，供村民参拜。

1950 年，和尚还俗，寺庙也随之荒废。1951 年，庙舍被改为村小学，取名圆通小学，厢房被改为教室和教师宿舍，院坝内重新种植梧桐树。1997 年，圆通小学并入高新实验小学。因修建公路需要，元通寺被拆除，庙内的桂花树亦被砍伐，仅保留一棵梧桐树。

九僧寺

中华人民共和国成立前，在肖家河神仙树流域的上游，建有一处筒车，用于附近村民引水灌溉，筒车不远处有一座比较特别的寺庙，修建年代不详，占地面积约三亩，称为九僧寺。里面住着九个和尚，因而得名。和神仙树老街上的寺庙不同，九僧寺里没有置放菩萨、佛像，也不供奉香火，只是和尚平时劳作、居住的地方。20 世纪 50 年代末，在修建成都电缆厂期间，九僧寺被拆除。

福寿庵

福寿庵位于神仙树社区，修建年代不详。据当地老人介绍，中华人民共和国成立前，福寿庵常有信徒来烧香。20 世纪 50 年代，殿内的菩萨已被撤走，墙上和大梁上还保留着以前的布幔装饰，可以看出之前庙宇的痕迹。整个福寿庵约有 20 平方米，由石瓦铺盖，四周为火砖墙，大门上方还写有“福寿庵”的字样。

在福寿庵的南面不远处，有一座石制水碾，重一两百斤，通过附近肖家河的水流转动磨盘用来碾米。当时农业生产效率不高，神仙树一带的村民经常会将收获的谷物带至水碾处，前一批稻谷碾完后才能继续加入新的稻谷，十分不方便。如果遇到水流比较小时，需要花费的时间就更多。

60 年代，福寿庵被改成打米厂，大殿内安有一台打米机，屋外还建有一座风车。在打米厂刚建成的时候，附近村民使用的还比较少，普遍认为机器打出的米煮饭不香、不好吃。后来，随着科学知识的普及，越来越多的村民意识到打米机的效率不仅大大超过水碾，而且打米的费用更便宜。当时，不光是神仙树一带的南郊大队、元通大队会用打米机，附近的其他大队也经常会来使用打米机。到 20 世纪 70 年代末，打米机便完全取代水碾。

80 年代，随着社会经济的快速发展，农业生产已不再是神仙树当地居民的主要收入来源，附近的农田耕种减少，不少农田已经荒弃。到 80 年代末，福寿庵的打米厂也不再使用，只留下这一地名。21 世纪后，这一带被改建成新阵地高尔夫球练习场，不少当地的老人提起福寿庵，都还印象深刻。

古　桥

元通桥

元通桥位于元通寺旁，原名古圆通桥，为单拱石桥，两边修有石栏杆。始建于清雍正八年（1730），肖家河由西向东，经由元通桥下流往羊叉河。道光十年

（1830），元通桥被毁，原因不详，后进行重建。宣统元年（1909），再度进行修葺，仍为单拱石桥，桥边居住着四五户人家。

1949年后，当地农户开始在元通桥南、北两头修建住房，聚集人口逐渐增多，达到40余户。其中，还有七八户农户将住房改建为铺面，用于出售生活用品，元通桥附近随之形成一条小街，长约400米。1966年，元通桥被改建为平板石桥，长25米、宽8米。1997年，因修建公路需要，元通桥被拆除，原居住在桥两旁的住户搬迁至肖家河街道辖区。因元通桥是从成都城区，经石羊乡到达华阳镇的必经之地，新修公路故而命名为“元华路”。

寿仙桥

寿仙桥也叫神仙树大桥，修建于20世纪初，肖家河自北向南经过寿仙桥下，流向华阳县城。寿仙桥位于神仙树老街以南、神仙树新街以北，连接两街，桥长10米、宽6米，为石拱桥。寿仙桥地处交通要道，自北通往成都城区，往南一直可通往华阳、仁寿等地，来往行人很多，桥面为石头堆砌而成，有许多车轮碾压的痕迹。

60年代，常有成都电缆厂职工以及附近村民在桥下的小河中游泳、嬉戏，一些水性好的年轻人还会在桥上表演跳水，吸引不少人前来观看。1969年，为方便车辆通行，拱桥被改为平桥。寿仙桥后被拆除，未能得以保留，拆除时间不详。

消失的职业

打更匠

打更，是古代民间的一种夜间报时制度，把夜晚分为五更，一更约两小时，由专门巡夜的人挨家挨户进行报时，居民会根据报时来安排作息劳作。神仙树一带将巡夜报时这一职业称为“打更匠”。打更匠在神仙树存在的时间很长，最早开始的时间已无可考，民国时期便已存在，一直持续到20世纪50年代末。打更匠对当时村民的帮助很大，通常只有一人在职，退职后才有其他的打更匠进行接替。

据当地老人介绍，20世纪三四十年代，有位被叫作“马哈儿”的打更匠为人所知。“马哈儿”并非名字，而是类似绰号的称呼。马哈儿的真名已无人记得，他常戴顶草帽，身材瘦削，满脸胡子，有些驼背，一人独居，没有妻儿。随身会携带一面小锣，边走边敲，夜晚看见谁家的小孩还在外面，没有回家，或者哪户人家的屋门没有关好，都会边打锣提醒边说些“天干物燥、小心火烛、防火防盗”之类的话。当地把丧事宴席称作“坨子肉”，每当有人家婚嫁或置办丧事，举办宴席时，马哈儿都要前往，说上一些吉利的话，主人家则会留他吃一顿喜酒或“坨子肉”。

打更匠虽然在名义上属于乡政府编制，但并没有对应的俸禄，打更匠的生活因此比较清贫，通常是孤家寡人，难以娶妻生子，工作很辛苦，每天起早贪黑，只能休息很短的时间。为补贴家用，遇到神仙树赶场的时候，马哈儿便会从集市上各摊位处以上税的名义收取一些食物或生活物资，集市上摆摊的村民比较同情马哈儿，经常会在他前来时，提前摆放好需要上税的物资，一家放上两棵青菜，一家割下一小块肉，马哈儿则将随身携带的小锣放平，将这些物资一一收在小锣上，当锣面摆满，就不再收了。马哈儿还会在出门时去附近村民的家中帮忙捡拾枯草，一半绑在敲锣的木槌上，一半捆在自己身后，留着带回家当柴火烧。

马哈儿会认字，除负责打更报时，平时还会向村民传达乡长、保长、甲长的指令，他常用固定的腔调将村民称作“花户”，把到乡镇开会称为“拟话”，让人印象深刻。50年代末，随着成都电缆厂进驻，神仙树一带发展水平和治安环境改善，打更匠这一职业逐渐消失。

挑担小贩

20世纪20—40年代，神仙树一带不仅是人群较为集中的小村落，也是附近石羊乡等地进入成都城区的必经之处，熙来攘往的人流促进当地的商业发展。神仙树老街旁的幺花店子多是有一定经济条件，或有一定口碑的商户才能维持营业，一般的小成本商贩更多会选择流动贩卖的方式，他们将自制的小商品装在担子里，跟随人流聚集的地方来回售卖，这种挑担小贩也是当地最常见的。

挑担小贩既有外地路过的，也有不少当地的农民。外地商贩通常是居住在邻近区域的村民，他们带着当地的土特产，准备进市区贩卖，路过神仙树一带时，便会停下来歇息，一边喝水、洗脚，一边趁着人多的时候，吆喝售卖担子里的土特产。

本地村民中也有一些四五十岁的老年人，会在农闲的时候制作一些小吃，挑着担子来回售卖。卖得比较多的小吃有锅盔、豆花、马蹄糕和“胀死狗儿”。其中，锅盔和豆花是四川比较常见的民间小吃。锅盔是用小麦粉压秆和面，放入锅中慢火烘烤而成；豆花则将豆腐成形前的中间产物提取出来，配合简单的调料食用。当地有个专门贩卖锅盔的挑担小贩，被称作“陈锅盔”，生意很好，常有村民购买，后来生意越做越红火，还在神仙树老街上开了一家专门的店铺。锅盔和豆花这两样小吃和其他地方的并没有太大区别，比较特别的是马蹄糕和“胀死狗儿”。

1917 年，成都市区的挑夫　【美】甘博摄

马蹄糕是当地一种用糯米加红糖制成的小吃，形状和马蹄一样，表面还会撒上一些青绿色的蒿草，看起来十分漂亮，因而得名，是当时比较受小孩子喜欢的美食。“胀死狗儿”的制作就比较简易，使用磨好的黄豆、豌豆等豆类沉淀而成的凉粉，舀上馒头大小的一勺，划成四份，再放入油中炸一下，表面带点金黄色，吃起来外皮带点焦脆的口感，里面是凉的，价格也相对便宜。

当地村民在赶场时，一般的穷人就会买份“胀死狗儿”，价格不高而且容易饱肚子。稍微多一点钱的，会买个锅盔或买碗豆花。再富裕一点的，就去买马蹄糕，有钱人家则直接去老街上的小饭馆吃饭。90 年代中后期，因城区交通发展和市容管理，挑担小贩活动受到限制，逐渐销声匿迹。

鸡公车车夫

除有幺花店子、挑担小贩提供售卖商品，神仙树老街的街口还经常有一些推着独轮车，排队等着候客的车夫。这种独轮车造型比较特别，据当地老人介绍，是根据诸葛亮的木牛流马仿制而来，由木头制造而成，长度大概两米，车头处有个拱起的形状，好似鸡头一般，车上能坐一人，由一名车夫在后面推着，被称为“鸡公车”。

20世纪20—40年代，鸡公车是神仙树一带十分常见的交通工具，一些去石羊乡、华阳镇的过路人都会选择坐鸡公车，当时很少收钱，多以物资交易为主，从神仙树坐鸡公车到石羊乡，大概需要一斤米作为报酬。50年代，实行人民公社化后，靠推鸡公车谋生的村民逐渐减少，鸡公车多作为村民日常出行的代步工具；80年代，改革开放后，道路条件改善加之自行车在芳草街街道地区普及，鸡公车基本消失。

1917年，成都郊外的“鸡公车”车站　【美】甘博摄

1958 年，建设中的成都电缆厂　袁顺柱提供

人物·荣誉

芳草街街道人才辈出，其中较具代表性的有中国第一艘核潜艇总设计师赵仁恺、影视演员唐佐辉、书法篆刻家汪木即，还有5位抗战老兵。

名人履痕

赵仁恺（1923—2010）

赵仁恺，著名核动力专家，中国核能动力科学与工程技术设计的奠基人和开拓者之一，中国第一艘核潜艇总设计师。1996 年，随同核动力研究设计院机关迁往芳草街街道辖区。

1923 年 2 月 16 日，赵仁恺出生于江苏省南京市。1942 年，考入重庆国立中央大学机械系。1946 年，毕业后进入南京永利宁化工厂工作，历任技术员、工程师。1956 年，调入中国第二机械工业部原子能所工作，由机械专业改为核工业，参加中国第一座实验性重水堆建设。1958 年 1 月，赴苏联学习军用核反应堆设计。同年 9 月，回国。

1958 年 9 月，赵仁恺被任命为潜艇核动力研究设计组组长。1960 年，率领团队全体成员夜以继日、加班加点，设计出的《潜艇核动力装置初步设计方案》顺利通过审查，成为中国首份自行设计的潜艇核动力装置蓝图。1965 年，赵仁恺被任命为潜艇核动力陆上模式堆工程设计（工艺及土建）设计队队长，率领科研队伍一同前往四川，全面负责模式堆的技术设计工作。其间，每次核潜艇试验，他都亲自下海，亲手测出每一个关键数据，亲自反复验算每一个计算结果。

1970 年 12 月 26 日，中国第一艘攻击型核潜艇下水，中国成为世界上第 5 个拥有核潜艇的国家。此后，赵仁恺又参加原子弹的军用生产堆研制工作。1983 年 4 月，赵仁恺调任中国核动力研究设计院研究室主任、核动力院副院长兼院总工程师、科技顾问。1988 年，获国家科学技术一等奖，作为“国家十二个重要领域技术政策的研究”的突出贡献者，获国家科委、国家计委和国家经委的突出贡献表彰奖。1990 年，当选中国科学院院士。2007 年 7 月，赵仁恺联名 11 名中国科学院院士和中国工程院院士致信温家宝总理、曾培炎副总理，在信中阐述中国发展内陆核电的必要性和可行性，对中国拟建首座内陆核电站，具有极大的示范意义。

2010年7月20日，赵仁恺病逝于北京，享年87岁。他在临终前留下两张纸条，其中一张纸条上写着："1970年8月30日，我国自行研究设计的核潜艇陆上模式堆提升功率试验达到满功率，各项性能指标都符合设计要求"，另外一张则写着："天行健，君子以自强不息；地势坤，君子以厚德载物；自强、自尊、自励、自立，生命不息、奋斗不止。"这两张纸条的内容浓缩了他为之奋斗一生的事业成就和身体力行的人生信条。

唐佐辉（1926—2020）

唐佐辉，四川成都人，影视演员、老戏骨，居住芳草街街道沙子堰东巷。他出身书香门第，自幼生活在成都。1943年，考入江安国立戏剧专科学校，与谢晋、陈怀凯、黄祖模、王永梭等人成为同学。此后，唐佐辉从事话剧、电影、电视剧演出60多年，先后在《白毛女》《抓壮丁》《寻找失落的阿布洛哈》《南行记》《奇异的龙袍》《劫仇情恨》《海灯法师》《玉堂春》《巴尔扎克和小裁缝》《好男要当兵》《狂龙逞英豪》《命夺黄金图》《王保长歪传》《血搏敌枭》《邪恶的黑森林》《徽商》等多部作品中出演重要角色。唐佐辉演技精湛，塑造的许多角色惟妙惟肖，令人印象深刻。

2005年，唐佐辉出版由自己撰写的回忆录《爱和被爱所以我活着——我的人生之路》，书中展现大量珍贵的历史照片和真实的人生记录。2010年，其妻凤亚菲不幸因病离世，唐佐辉强忍悲痛，处理完丧事，又应邀参拍峨眉电影制片厂反映抗震救灾的电影《羌笛悠悠》，在片中出演灾后重建的重要角色母大爷。

唐佐辉晚年常活跃于银幕之上，2011年，在电影《飞跃老人院》中饰演老黄。2012年，参演管虎导演的电影《杀生》。2016年，在电影《火锅英雄》中扮演陈坤的外公，给观众留下深刻印象。2017年，在陆小雅导演的影片《难以置信》中，饰演一位死于矿难的矿工老父亲，在两场戏中塑造出一个善良而又风趣的风烛残年的老人形象。2020年5月5日，唐佐辉去世，享年94岁。

汪木即（1931—2018）

汪木即，书法篆刻家，1931年出生于年画之乡四川绵竹。2008年，定居芳草街街道。受到外部环境影响和家庭熏陶，他从3岁起就走进私塾学习，并开始帮助家里画年画补贴家用。在这一过程中，逐渐对绘画产生浓厚的兴趣。1952年，进入学校上学，开始系统学习绘画。因上学期间的一篇文章《核舟记》，从而痴迷于篆刻，扎实的绘画功底也为篆刻创作打下坚实的基础。

汪木即曾参加过抗美援朝，在战争中，不幸被弹片击中左眼，后来右眼受到左眼影响，视力也逐渐下降。为更好进行篆刻，他在日常生活中通过大量练习来保持创作的手感。有时在晚上睡不着时，就起床拿着笔钻研篆刻技术，有时还用手指在自己的肚子上作画，并养成习惯。

他长年坚持不懈地练习，使其作品具有以隶书笔法成篆、以篆书运笔书隶的特色，在国际上享有盛名，曾先后于1996年及1998年两次应日本政府邀请赴东瀛交流书法，举办个展。1998年，应新加坡邀请赴狮城举办个展，并参加新加坡“98春到河畔迎新年”盛会，受到新加坡前总理吴作栋和夫人亲切接见。1999年，获国际文化学会奖、联合国“世界和平”书画展金奖，作品被国内外知名人士、政要和机构广泛收藏，遍布四十多个国家和地区，先后被收入《国际现代书法集》《中国当代楹联墨迹全集》《中国当代诗书画印精品集》等，公开出版《汪木即书法篆刻精品》《汪木即书法作品集》《当代书法名家精品赏析·汪木即书法作品》。2003年，特被邀请赴莫斯科参加“全球华人华侨推动中国和平统一大会”并举办个展。

2008年8月，已定居芳草街“三九雅园”的汪木即所创作的书法作品《奋进》和《清夏》分别获中国老年书画大赛书法类四川省初赛二等奖和优秀奖。同年，获中国文联、中国书画研究会、中国书画学会、国际汉学研究会等单位授予的“金牛奖”“书圣奖”“中国书画火炬金奖”等奖项及“文艺大师”荣誉称号。2010年，独创的“百寿图”篆刻画获得国家专利，画作远看是一个遒劲有力的“寿”字，近看则为100个活灵活现、形态各异的小“寿”字，还将龟、鹤等象征长寿的图案巧妙地融入“寿”字之中，后在美国拍卖出3.6万美元的价格。

汪木即不仅在文艺创作上取得显赫成果，同时热衷于参加芳草街街道的各种社区活动。2009年5月，为街道在紫竹社区家乐福大世界广场举行的全国“助残日”手工工艺品义卖活动题字“叩开自强不息之门”。同年12月，汪木即为改造完工的火烧堰河道题写匾额“火烧堰·碧翠廊”及风雨亭对联。2018年7月12日，汪木即因病在成都离世，享年87岁。

人物名录

表 23　芳草街街道抗战老兵一览表

姓名	生卒年月	职务
严长春	1914.5—2012.12	1931 年 1 月担任红四方面军某团机枪连战士、排长。 抗日战争时期，历任八路军某师榆次游击队长、太行独立三大队连长。 解放战争时期，历任太行某团营长、太行第 2 军分区某团团长。 1960 年，晋升上校。 1960 年后，先后担任铁道公安某团团长、河北公安总队副总队长、某师副师长、阿坝军分区副司令员、宜宾军分区副司令员、政治委员（副军职待遇）。
李　扬	1916.7—2009.8	1937 年，历任八路军某师排长、连指导员、营教导员、团后勤部主任。 抗日战争胜利后，任中国人民解放军第一野战军第三军某团政治委员。 1952 年，任中国人民志愿军第一军某团政委。 1954 年，任某师政治部副主任兼中美板门店和平谈判东海岸第九观察组组长。 1955 年，任成都军区某师政治部主任。 1958 年，任凉山军分区政治部主任。 1960 年，调任成都军区动员部部长。 1968 年，任内江军分区政委。
徐德友	1916.7—2015.10	1937 年 6 月，任潢川独立团某师战士、通信员、警卫员。 1938 年 2 月，任太行某独立营连长、副营长。 1945 年 11 月，任东北本溪县大队 3 分区司令部教导队某团大队长、团长。 1948 年 1 月，任安东县 2 分区独立团长、东北某团团长、政委。 中华人民共和国成立后，历任华北军区某团团长、大安军政干部学校校务处第一处处长、大安军政高级干部预备学校校长、成都军区司令部军务处处长、四川省军区宜宾军分区副司令员、四川省军区雅安军分区副司令员。

续表 23

姓名	生卒年月	职务
汪振东	1919.2—2007.11	历任西北特委政治交通员、猗氏县委书记、山西游击支队三大队教导员、八路军某连指导员、安泽县游击大队教导员、晋南军分区组织干事。 解放战争时期，任第二野战军某团政治部主任、副政委。 1950 年，任成都军区某团团长。 1953 年，任公安师政治部主任。 1957 年，任遂宁军分区政委。 1958 年，任绵阳军分区政治部主任、副政委。 1976 年，任温江军分区政委。
石敦豪	1925—2023.12	1949 年，参加中国人民解放军。 1949 年 12 月，随贺龙司令员直接指挥的某军沿川陕公路进军四川，参加攻克棋盘关、龙洞背、朝天驿、突破飞仙关、解放广元和成都的战斗。 1951 年，参加抗美援朝战争。 1952 年，加入中国共产党。回国后任某团营长。 1963 年，转业后任秀山县人民银行行长、供销社主任等职。

注：表中收录人物均定居于芳草街街道

集体荣誉

表 24　2009—2023 年芳草街街道获国家（部、委）级表彰情况一览表

受表彰单位	表彰项目	表彰单位	表彰时间
芳草街街道办事处	全国和谐社区建设示范社区	民政部	2009 年
芳草街街道代表队	“浦东三林杯”全国老年门球赛团体第三名	国家体育总局	2009 年
芳草街街道“小兰服务社”	优秀社区志愿服务队、四川省“巾帼文明岗”	全国文明委社区志愿服务全国联络总站	2011 年
芳草街街道办事处	第五届全国服务农民、服务基层文化建设先进集体	中共中央宣传部、文化部、国家新闻广电总局	2013 年

续表 24

受表彰单位	表彰项目	表彰单位	表彰时间
芳草街街道办事处	2016 年全国红十字防灾避险知识竞赛最佳组织一等奖	中国红十字会总会	2016 年
芳草社区卫生服务中心足巴措团队	全国优秀家庭医生团队	国家卫生和计划生育委员会	2018 年
芳草街街道办事处	2018 全国社区网络春晚“优秀组织奖”	全国社区网络春晚组委会	2018 年
芳草街街道办事处	全国红十字防灾避险知识竞赛最佳组织一等奖	中国红十字会总会	2018 年
芳草街街道办事处	2019 全国社区网络春晚“优秀组织奖”	全国社区网络春晚组委会	2019 年
芳草街街道办事处	2019 年全国红十字青少年自救互救知识竞赛单位组织一等奖	中国红十字会总会	2019 年
芳草街街道老年大学	第九届全国老年大学文艺汇演舞蹈和合唱比赛合唱类金奖、舞蹈类银奖、优秀组织单位奖	中国老年大学协会	2023 年

表 25　2011—2023 年芳草街街道获省级表彰情况一览表

受表彰单位	表彰项目	表彰单位	表彰时间
芳草街街道门球代表队	四川省第十六届中青年职工门球比赛第一名	四川省体育局	2011 年
芳草街街道办事处	四川省敬老爱老助老先进集体	四川省人社厅、省老龄工作委员会	2015 年
芳草街街道办事处	四川省安全社区	四川省政府安委会	2016 年
芳草街街道办事处	全省残疾人工作先进单位	四川省人民政府残疾人工作委员会、四川省人力资源和社会保障厅	2017 年
芳草街街道办事处	第五届四川省文明单位	四川省精神文明建设委员会	2020 年
芳草街街道新时代文明实践所	四川省新时代文明实践示范所	中共四川省委宣传部、四川省精神文明建设办公室	2023 年
芳草街街道代表队	四川省第四届全民健身运动会毽球比赛男双第三名、中年组组合团体接力赛第三名	四川省体育局、四川省体育总会	2023 年

表 26　2008—2023 年芳草街街道获市级表彰情况一览表

受表彰单位	表彰项目	表彰单位	表彰时间
芳草街街道办事处	成都市中心城区 2007 年度城市生活垃圾处理收费先进单位、2007 年度城市环境综合整治先进单位	成都市城市管理局	2008 年
芳草街街道办事处	2008 年度享受社会保险待遇人员领取资格核查工作优质服务核查点	成都市劳动和社会保障局	2008 年
芳草街街道办事处	爱国卫生十佳街道办事处	成都市人民政府	2008 年
芳草街街道办事处	成都市民主法制社区	成都市司法局、民政局	2008 年
芳草街街道办事处	2008 年特种设备安全工作先进街办	成都市质量技术监督局	2008 年
芳草街街道办事处	成都市中心城区 2008 年度城市生活垃圾处理收费先进集体、门前五包工作表彰	成都市城市管理局	2009 年
芳草街街道办事处	2008 年度成都市住房保障先进单位	成都市房产管理局	2009 年
芳草街街道办事处	成都市 2008 年度消防工作先进单位	成都市人民政府	2009 年
芳草街街道办事处	成都市创建全国文明城市工作先进集体	中共成都市委	2009 年
芳草街街道办事处	成都市中心城区 2009 年度城市生活垃圾处理收费优秀单位	成都市城市管理局	2010 年
芳草街街道办事处	成都市民主法治社区	成都市人民政府	2010 年
芳草街街道办事处	成都市二星级平安单位	成都市人民政府	2010 年
芳草街街道办事处	成都市 2010 年度食品生产加工领域质量安全监督工作先进单位	成都市人民政府	2010 年
芳草街街道办事处	成都市治理非法张贴书写广告工作先进单位	成都市人民政府	2010 年
芳草街街道办事处	“运动成都”2010 年度成都市太极拳锦标赛优秀组织奖	成都市人民政府	2010 年
芳草街街道办事处	2010 年度全国百城和千村健身气功交流展示系列活动四川省成都市大会一等奖	成都市人民政府	2010 年
芳草街街道代表队	成都市第十届老年艺术节系列活动之“红旗杯”老年人协会第一届老年歌手大赛二等奖	成都市老年人协会、老龄工作委员会	2011 年
芳草街街道代表队	成都市第二届自行车车迷健身节山地赛团体第六名	中国自行车运动协会、成都市体育局、成都市直机关工委、金堂县人民政府	2011 年

续表 26

受表彰单位	表彰项目	表彰单位	表彰时间
芳草街街道办事处	成都市中心城区 2011 年度城市生活垃圾处理收费优秀单位	成都市城市管理局	2011 年
芳草街街道代表队	成都市第十届老年艺术节文艺展演活动二等奖	成都市老龄工作委员会	2011 年
芳草街街道办事处	“成都市‘五十百千’环境优美示范工程”先进街道中心城区街道办事处	成都市人民政府	2011 年
芳草街街道办事处	成都市爱国卫生工作先进集体	成都市人民政府	2011 年
芳草街街道办事处	成都市新市民素质培训工作先进集体	成都市人民政府	2011 年
芳草街街道代表队	2015 年“成都文化四季风·音乐消夏”暨“成都星唱响”系列群众音乐比赛总决赛器乐组三等奖	成都市广新局	2015 年
芳草街街道代表队	“太极蓉城”2015 年成都市第十二届太极拳锦标赛一等奖	成都市体育局	2015 年
芳草街街道代表队	“太极蓉城”2015 年社区广场活动太极拳一等奖	成都市体育局	2015 年
芳草街街道代表队	成都市老体协第二十二届卡拉 OK 团体赛第二名	成都市老年人体育协会	2015 年
芳草街街道办事处	成都市 2015 年度“四改六治理”违法建设治理工作优秀集体	成都市人民政府	2015 年
芳草街街道办事处	成都市城市生活垃圾处理收费先进单位	成都市人民政府	2015 年
芳草街街道办事处	成都市法治示范街道	成都市司法局、成都市依法治市领导小组办公室	2015 年
芳草街街道办事处	百村容貌整治试点优秀村和城市建设管理转型升级示范片区	成都市城乡环境工作领导小组	2016 年
芳草街街道办事处	成都市法治示范街道	成都市司法局、成都市依法治市领导小组办公室	2016 年
芳草街街道办事处	成都市 2015 年安全生产先进集体	成都市人民政府	2016 年
芳草街街道办事处	2017 年度成都“慈善一日捐”突出贡献奖	成都市慈善总会、成都市慈善事业、发展办公室	2017 年
芳草街街道办事处	全市优秀乡镇（街道）环保机构	成都市环境保护局	2017 年
芳草街街道办事处	成都市社会组织统战工作示范点	中共成都市委统战部	2017 年
芳草街街道办事处	成都市基层妇联组织建设示范街道	成都市妇女联合会	2018 年

续表 26

受表彰单位	表彰项目	表彰单位	表彰时间
芳草街街道办事处	《互联网 + 养老体系建设——养老助残服务体系建设》全市老龄政策调研优秀成果一等奖	成都市老龄工作委员会	2018 年
芳草社区卫生服务中心医疗科	2018 年成都百万职工技能大赛医疗卫生急救技能竞赛团体优胜奖	成都市卫生和计划生育委员会	2018 年
芳草街街道办事处	成都市党的十九大安保维稳信访工作先进集体	中共成都市委、成都市人民政府	2018 年
芳草街街道办事处	成都市健康城市共建共享知识大赛二等奖	成都市爱国卫生运动委员会办公室、成都市精神文明建设办公室	2019 年
芳草街街道办事处	2019 年“中元节”文明祭祀工作先进集体	成都市城乡环境综合治理领导小组办公室	2019 年
芳草街街道办事处	成都市 2018 年安全生产先进集体单位	成都市人民政府	2019 年
芳草社区卫生服务中心医疗科	2019 年成都百万职工技能大赛全科医生五项全能高新区分站赛团体二等奖	成都市卫生健康委员会	2019 年
芳草社区卫生服务中心全科团队	成都市 2019 基层卫生岗位练兵和技能竞赛全科团队组二等奖	成都市卫生健康委员会	2019 年
芳草社区卫生服务中心中医科	2019 年成都市基层中医药适宜技术技能大赛团体三等奖	成都市中医管理局	2019 年
芳草社区卫生服务中心计免科	成都市《中华人民共和国疫苗管理法》知识竞赛二等奖	成都预防医学会	2019 年
芳草街街道办事处执法中队	成都市“厕所革命”工作先进单位	成都市“厕所革命”领导小组办公室	2020 年
芳草街街道办事处执法中队	2020 年度“门前三包”推进工作先进单位	成都市城乡环境综合治理领导小组办公室“门前三包”推进办	2020 年
芳草街街道办事处执法中队	成都市第二次全国污染源普查表现突出集体	成都市第二次全国污染源普查领导小组办公室	2020 年
芳草街街道办事处执法中队	“爱成都·迎大运”最美城市立体绿化景观评选——“最美檐口绿化”奖	成都市公园城市建设管理局	2020 年
芳草街街道办事处	中华人民共和国成立 70 周年大庆安保维稳信访工作表现突出的公务员集体	成都市人民政府	2020 年

续表 26

受表彰单位	表彰项目	表彰单位	表彰时间
芳草社区卫生服务中心计免科	2020 年成都市预防接种技能竞赛团体二等奖	成都市卫生健康委员会、成都市总工会、成都市妇女联合会	2020 年
芳草社区卫生服务中心护理部	“成都市新冠肺炎疫情防控专项工人先锋号”荣誉称号	成都市总工会	2020 年
芳草街街道	一环路市井生活圈规划建设管理工作担当作为先进集体	中共成都市委办公厅	2021 年
芳草街街道情暖百家艺术团“巡演进万家・文化润人心”志愿服务项目	2022 年成都市优秀文旅志愿服务项目、成都市公共文化服务优秀案例	成都市文化广电旅游局	2023 年
芳草街街道	成都市第十届全民健身运动会暨第三届社区运动会太极拳选拔赛暨“太极蓉城”集体太极拳锦标赛站点组竞赛 32 式太极剑集体项目一等奖，24 式太极拳集体项目二等奖，八法五步集体项目二、三等奖，42 式太极拳集体项目三等奖；成都市集体太极拳冠军赛站点组集体项目 32 式太极剑一等奖	成都市体育局、成都市体育总会	2023 年
芳草街街道联合社工站	成都市特殊困难群众“关爱随行”心理健康救助优秀案例	成都市民政局社会救助处	2023 年

大事纪略

成都第一条民间捐资修建道路

1946年，神仙树一带的乡绅在当时的神仙树老街西侧，沿西南方向集资修建两排瓦房。1947年，瓦房修建完工。同年，当地乡绅们和部分民众捐资在肖家河沿岸继续修建一条道路，道路自北向南，长约1公里。其为成都第一条民间捐资修建的道路。

四川首家在香港上市的企业

1958年，邮电部成都电缆厂在神仙树地区建厂，简称成都电缆厂，亦称神仙树电缆厂，为生产电线电缆、线缆专用材料等产品的中央部属企业。1959年，成都市邮电机械厂被合并为成都电缆厂分厂。20世纪60年代，成都电缆厂成为保障国防建设的重要生产基地。

1994年10月，成都电缆厂整体改制完成并在香港联合交易所上市，H股名称“成都电缆”、股票代码“1202”，改制后为成都电缆股份有限公司，是四川省首家在香港上市的企业，控股股东为中国普天信息产业股份有限公司。同年10月14日，成都电缆股份有限公司与德国西门子股份有限公司，在北京人民大会堂举行合资3000万美元兴建通信电缆厂的签字仪式。2007年，为配合城市建设，公司整体搬迁至成都高新技术产业开发区西部园区，建立中国普天成都工业基地，原厂区建成神仙树大院高层电梯住宅。

芳草街街道办事处成立

1990年9月，经国务院批准，成都市区划调整，设立锦江区、青羊区、金牛区、武侯区、成华区5个城区。1995年6月4日，武侯区芳草街街道办事处筹备领导小组成立。

1995年11月29日，中共成都市委常委会召开第六十五次会议，原则同意市委政研室、市委财经领导小组办公室《关于调整和实施成都高新技术产业开发区规划几个问题的建议》，设立高新区为独立的经济区，辖区面积为60平方公里。12

月，芳草街街道党工委办事处成立。12 月 25 日，武侯区人民政府批准正式设立芳草街街道办事处。

1996 年 1 月 11 日，芳草街街道办事处第一届领导班子成立。1 月 19 日，武侯区芳草街街道党工委、街道办事处正式挂牌对外办公。3 月，芳草街街道划归高新区管辖。

2008 年 6 月 18 日，成都高新区人民法院从芳草街街道辖区神仙树西路 4 号迁往高新区天韵路 8 号人民法院办公大楼办公，原办公楼移交芳草街街道办事处作为办公用房。2010 年 4 月 26 日，街道办事处由芳草街 8 号搬迁到神仙树西路 4 号新办公楼办公。

中国核动力研究设计院设计部迁入迁出芳草

中国核动力研究设计院是国家唯一从事集核反应堆工程研究设计、实验、运行和小批量生产于一体的大型综合实验研究基地，被誉为“中国核动力研究工程的摇篮”。1967—1969 年，中国核动力研究设计院逐步从北京搬迁至四川。1987—1988 年，研究院设计部由夹江搬迁至成都市一环路南三段 28 号，改建为设计所。1996 年，院机关搬迁至设计所同址，所在地属芳草街街道辖区范围。同年，中国核动力研会设计院核反应堆工程研究所搬迁到神仙树二段 25 号，占地面积 5.32 万平方米。2019 年，中国核动力研究设计院办公区搬迁至双流区。研究院成都紫荆树家属委员会仍位于辖区紫荆南路与紫杉路步行街交叉口。

成都当代艺术的新坐标

20 世纪 90 年代初，沙子堰一带集中修建了政府单位与企业配套的家属楼。这些大板房意外地被从国外归来的四川美术学院毕业的画家们发现，成为他们的工作室和生活空间。因沙子堰、玉林西路一带的环境适合艺术创作，许多艺术家在此相聚。艺术家的聚居促进了沙子堰、玉林西路一带开放式艺术园区的形成。1999 年，《天府早报》刊文《成都有个画家村》，专题报道沙子堰艺术群落，使其声名大噪，并迅速成为成都当代艺术的新坐标。

玉林西路“服装一条街”

2000年，芳草街街道办事处相继引进“三枪”“鄂尔多斯”等50多家服饰销售商家进驻玉林西路，逐渐形成独具特色的“服装一条街”。2001—2010年是“服装一条街”快速发展的阶段，玉林西路一带的服装店铺数量最多高达200多家，多以销售女性韩版服装为主，商铺的房租最初每月2000～3000元，最高涨至每月10000元。当时，绝大多数服装店主为在众多的服装店中突出自己的竞争优势，清晨四五点钟就会涌进九龙、荷花池等服装批发市场进货，还有去北京、上海、广州、香港等外地城市，甚至直飞韩国进货的店主。

在“服装一条街”中，还出现一些个性小店，这些店铺通常是美术学院的毕业生设计一些造型奇特的服装、首饰、灯具或手工艺品，很受年轻女性的喜爱。“服装一条街”成为玉林西路继酒吧之后的另一商业亮点。

2010年后，随着玉林西路一带道路改为单行道以及网络购物的全面普及，许多服装实体店铺的经营状况开始下滑，“服装一条街”店铺渐渐成片关门，门可罗雀，玉林西路也随之变得萧条。

2017年，玉林西路因歌手赵雷演唱的《成都》，在网络上被全国人民所关注，整条街的经济开始复苏。在“老酒吧”“小酒馆”和“白夜”陆续恢复营业后，新的服装店铺和酒吧也相继开业，为玉林西路重新注入活力。

成都较早的花园洋房

1997年，位于芳草街街道紫竹社区新光路8号的银都花园小区建设开工。项目占地226亩，分为一期怡苑、二期慧苑、三期嘉苑、四期皓苑、五期欣苑，依次开发。2001年6月，项目全面竣工。

建成后的银都花园地处成都市城南二环外侧，交通便利，由六个风格各异的组团围合而成，总绿化面积达9万平方米，以3～6层的花园洋房以及10层电梯公寓为主，每套房屋面积达103～284平方米。明厨明卫、2.4米的超大阳台、通透的架空层、中央喷泉广场等高端配套设施在当时都是比较罕见的。因此，银都花园被誉为“成都较早的花园洋房”。

自此之后，拥有欧式建筑外观、大花园、露台、低密度、高品质生活空间的花园洋房形象深入人心，备受高收入人群青睐，与别墅、大平层一同成为高端房产市场中不可或缺的部分。

污水沟变身街巷博物馆

位于芳草街街道蓓蕾社区的火烧堰河道，两侧共有 8 个居民院落，是社区较为集中的居民生活区域。20 世纪 60—70 年代，附近有羊叉河从沙子堰自南流过，因修筑堰塘的石头呈暗红色，好似火烧一般，故而得名。火烧堰处为一个堰塘，筑有水闸门，常有附近居民在河道中钓鱼、游泳。90 年代，随着城市化建设，火烧堰受到上游长期排放废水的影响，自然环境遭受污染，河道沦为污水沟，蚊蝇滋生、臭味熏人，严重影响周围居民的居住环境。

2009 年 6 月，芳草街街道办事处全面启动火烧堰河道整治工程，知名设计师在听取附近居民的意见后，最终确定修建特色休闲走廊的方案。同年 12 月，工程全面完工，共投入资金 200 余万元。在打造休闲走廊的同时，街道还将街巷博物馆融入其中，入口处摆放着耕牛造型雕塑，周围还建有风车、石磨、耕犁、脱谷机、鸟笼、盖碗茶、川剧戏台等模型，将老成都的农耕文化和街巷文化融入民日常生活中。

完工后的火烧堰得名“碧翠廊”，东起玉林中路，西至芳草街，全长 538 米，树木成荫，亭阁掩映，周边水环境得到显著改善，获得周边居民的普遍认可，芳草居民、联合国“世界和平”书画展金奖获得者、著名书法篆刻大师汪木即特地题写“火烧堰·碧翠廊”匾额及风雨亭对联，火烧堰再度成为附近居民的主要休闲场所。

创新实施神仙树“一站多居”式管理

神仙树社区位于芳草街街道西南部，由中海名城、神仙树大院、维多利亚、融城后街 4 个高档小区组成。2010 年年初，辖区办事处与四川大学公共管理学院成立“神仙树社区‘一站多居’（指一个服务站覆盖多个居委会的范围）治理模式创新”课题联合攻关组。同年 3 月，成立中海名城党支部。同年 7 月，成立神仙树大院社区工作站，暂负责代管神仙树大院党支部工作。7 月 22 日，神仙树社区工作站、课题组成员、筹备中的居委会代表协同四川大学社区治理专家一同召开讨论会，拟定居委会选举等方案，推动维融（维多利亚和融城后街）居委会的成立。同年 8 月，经过公开透明的民主选举，产生新一届维融居委会成员。同年 9 月，成立神仙树社区党总支部。9月26日，成立维融党支部。同年12月，中海名城居委会成立，为高新区首个“居站分离”直选自治型居委会。

神仙树社区因地制宜创新“一站多居”的实践经验，让几个院落共用一个社区工作站，不仅有利于发挥社区公共服务资源的最大效益，经由小区居民选举产生的居委会，也有利于专事自治，并与业委会物业服务公司保持良好的关系。这一创新模式在调动深居简出的高档商品小区居民参与社区治理、增强居民对社区的认同度和归属感上，为全国大都市高档商品小区群的有效治理提供了新思路和新模式，并在街道内得到了广泛应用。

成都市首个街道社会组织孵化园正式挂牌

2015年，成都高新区芳草街街道社会组织孵化园于紫瑞北街20号正式挂牌，成为成都市首个街道社会组织孵化园。不同于传统聚集高精尖科技产业企业的孵化园区，芳草街街道社会组织孵化园主要聚集社会组织，为入驻的社会组织提供办公场地、专业培训、技术支持、信息传播、能力建设、公益资源共享和管理咨询等一站式服务。作为一个公益孵化的平台，孕育出不同领域的社会组织和服务，形成一个社会组织的创业生态圈。

正式挂牌后的芳草街街道社会组织孵化园，聚集30余家社会组织，包括芳草蓓蕾小兰服务社、成都高新区青年大学生创业交流中心、成都阳光志愿者联盟、成都益多公益服务中心、成都高新区希望社区中心、成都高新区紫薇花家政服务社等，涵盖公益服务、社会事务、文化体育、慈善救助等多个领域。

成都市首条党员示范街开街

2016年6月，芳草街街道办事处于蓓蕾社区蓓蕾西巷举行“党徽照耀·蓓蕾初放”红色文化街巷党员示范行动启动仪式，成都市首条党员示范街正式亮相。示范街上设立多功能党员屋，面向社区群众免费开放，具有阅读、聊天等多个功能。街道办协同社区在蓓蕾西巷的5个院落里分别设立党支部志愿服务点，由蓓蕾社区2个党支部中的35名党员持续在志愿服务点位开展民意搜集、免费理发、车胎重启、缝纫织补、配钥匙等便民服务项目。在此基础上，还成立一支由蓓蕾西巷党支部、蓓蕾西巷4号院共12名党员组成的党员志愿队，重点为辖区群众开展结对帮扶、调解矛盾等服务。

蓓蕾社区的党员示范街以社区主要街道蓓蕾西巷为主体，辐射影响周边街道和社区的居民，用党员直接联系群众、群众主动找到党员的方式，开展便民服务，使广大辖区居民得到实惠。在示范街开街后的半个月内，社区党员即为辖区居民、商铺开展纠纷调解、协调务工等各种服务100余次，服务居民、游客等达500余人次。

成都市首支“街道级”公益创业基金

2016年7月，成都市首支“街道级”公益创业基金——芳草街街道公益创业专项基金正式投入使用。同年，专项基金总额为20万元，用于向青少年服务、助老养老服务、助残服务、文体服务、健康服务及其他共六个类别的公益服务提供专项基金资助与运营场地，为公益创业项目发展提供更大平台的支持，鼓励公益创业项目走出街道、走向社会。经过遴选，最终确立首批21个“街道级”公益创业基金创业投资项目。

打造“食品安全示范街”

2016年，芳草街街道对紫荆南路沿途的餐饮企业实施改造，打造“食品安全示范街”，并在沿路餐饮店门前设置餐饮服务示范意见簿，供消费者评价商家的服务质量及食品安全并提出意见。

2018年，芳草街街道通过设置商家公示栏、规范食品安全制度、明厨亮灶改造、设立食品安全投诉意见箱等创新监管方式、方法，打造紫薇东路食品安全示范街。

2021年，芳草街街道以创建食品安全示范城市为契机，通过“FUN食”品牌打造玉林西路食品安全示范街，日常监管执法人员按照创建标准逐户上门指导餐饮单位规范经营，从亮证亮照经营、场所环境、明厨亮灶等方面开展规范整治，对证照公示不规范、场所环境脏乱差的餐饮单位，责令限时整改。会同第三方机构评选10家食品经营单位成立第一批“FUN食”食品安全示范商家联盟。示范街内食品经营业户持证率、从业人员健康证持证率、各项食品安全管理制度上墙率均为100%。

2022 年，紫荆南路举行“食品安全示范街”揭牌仪式。芳草餐饮协会会长、芳草街街道市场监管所一线执法人员以及紫荆南路的商家代表，共同参加揭牌仪式。街区内餐饮单位实现“明厨亮灶”覆盖率达 70%。

2023 年，结合玉林西路业态，芳草街街道对玉林西路食品安全示范街区食品经营单位实行全面风险分级管理，“明厨亮灶”覆盖率 70%。从日常监管执法到按照创建标准逐户上门指导餐饮单位规范经营，依托“一店一码信用监管”数字化平台，对食品经营主体基本信息、监管信息、消费评价和等级评定等信息进行公示，街区内餐饮单位一店一码企业端实现信息完善率 100%。

打造成都首家社区书院

2020 年，蓓蕾社区与散花书院合作，共同打造成都首家社区书院。散花书院蓓蕾社区店位于蓓蕾中巷 5 号的一座四合院内，由一座茶楼改造而成，为居民打造文化活动场所。经过和附近居民商讨并达成一致后，集阅读、休闲、文创、文化沙龙、家庭教育于一体的散花书院蓓蕾社区店正式落户。

2022 年，为推广社区阅读、服务社区居民，蓓蕾社区和散花书院还在店内设立“社区阅读空间”。通过摆放收音机、电风扇、旧茶壶等老物件、墙上悬挂老成都照片、放置书架书籍的方式，在为附近居民提供舒适阅读场所的同时，还可以让其更深入地感受和触摸老成都传统文化。除此之外，散花书院蓓蕾社区店还整合作家、艺术家、非遗传人、文创机构的作品和产品资源，相继举办“周三电影日”“周五脱口秀”“周六树下艺谈”“天府故事开讲啦”等丰富多彩的活动，不断丰富社区文化内涵。2023 年，散花书院开展“探秘书香文化”基地活动。

“丛林在街角”街头摄影艺术作品展

2020 年 10 月 19 日，“法国摄影师索菲 SONAC 系列街头摄影艺术作品展暨中法环境月开幕式”在芳草街街道沙子堰社区玉林西路开幕。成都市政府外办主任姜斌、法国驻成都总领事白屿淞、成都高新区芳草街街道办事处主要领导伍文涛以及波兰、瑞士驻蓉领事馆代表出席开幕式。此次法国摄影师索菲女士为成都高新区沙子堰社区玉林西路定制创作的巨型摄影作品是成都与法国交流中一次新的创新合作。